圖解台灣031

圖解台灣歲時祭祀小百科

神明祭拜、年俗節氣、擇日宜忌
最佳入門指南100問

李秀娥◎著

晨星出版

推薦序

歲中添福祿・時令保平安

人活於世，對於外界反映最明顯的除了寒熱饑飽的身體感覺之外，莫過於日夜更替、朔望變化、四時更迭的時間流轉了。在漢人社會的傳統宇宙觀中，時間的變化並非只是時辰、日、月等計時刻度的推移變遷，而是關乎一個人在這宇宙之中生活的順逆暢阻。時間的變化除了增添人的年紀之外，也對於人的生命歷程造成一定程度影響。它（時間）好像是一隻無形的巨掌，可以推波助瀾也可以摧殘破壞，尤其是在特殊的「轉換」時期如季節變化，可以對人的身體健康形成威脅。因此，先賢在面對這種威脅時，除了想方設法加以調和（如改變環境、飲食等）之外，便是祈求天地神祇，希望藉由祂們庇護來順利度過，這就是傳統歲時祭祀最主要的意義了！

「歲時」一詞是「歲」與「時」的複合詞，「歲」是古代紀年的單位，一歲即一年，後來成為人們計算年齡的單位，「時」是一年之中春夏秋冬的時序變化。這是古人在根據一年之中陽光角度的變動所區分出的時間單位，也是除了日夜更替之外，人們感受到的最短的時間循環變化。當然若要再細分的話，在一歲四時之下還有二十四氣、七十二候，此一根據太陽變化所統合的簡單曆法是為太陽曆，簡稱陽曆。而除了太陽之外，月球在反射太陽光線時，若從地球來觀察，可看出從朔到望、從月缺到月圓的變化，也對地球的環境變化、生命成長造成影響，因此月球在每個月二十九或三十日中的變化，也就形成了太陰曆，簡稱陰曆。

中國古代在觀察陽光、月光的角度、亮度之下，為了讓以農漁牧為主要生計的人們，在勞動與作息方面有所依循，官方每年都會頒訂當年的曆法，在傳統以陰曆為主要紀日的年曆中，明顯標示出二十四節氣的時間，以皇帝的名義公布，故一般稱為「皇曆」。而民間則根據此一曆書，再因應農漁勞作、婚喪遷徙等時間之需求，編撰成專業版的「通書」以及普及版的「農民曆」，普遍通行於坊間。即便是在民國以後，官方紀年採用西方傳入的太陽曆為標準，但民間的通書、農民曆仍舊結合陰曆行事，形成一種「陰陽合曆」的特殊曆法。

不管是根據陽曆所產生的氣候變化，或是根據陰曆所形成的月光、潮汐變化，都無時不對人們的生活造成影響。因此春夏秋冬、四時八節、二十四節氣，以及月之朔望等所形成的時令，都在一年的過程中影響著人身小宇宙。而時令與時令的交替轉換之間其影響最是明顯，因此在傳統觀念上就借用了原本屬於竹子植物特性的「節」來指稱，以顯示其關節、關卡般較難順利過渡的特性。故而在宗教信仰濃厚的傳統年代中，藉由祭祀行為來祈求神祇、祖先庇佑能順利「過節」，渡過具有危險的時令轉換階段，也就成為常民生活中十分重要的一個面向。

這類依節令而行的祭祀活動，在漢人社會歷史上早在二千多年前形成制度化而行於帝王、百官，如《周禮．春官．大宗伯》載：「（天子）以冬日至，致天神人鬼，以夏日至，致地示（祇）物魅，以禬國之凶荒，民之札喪。」而一般百姓庶民的祭祀雖然未載史冊，但隨著地域性的發展，在結合陽曆的二十四節氣與陰曆的朔望變化之下，也各自形成了具有地方特色的多元性歲時祭祀文化，而台灣漢人社會所傳承的歲時祭祀文化，就是一方面承繼自傳統漢人文化中的歲時節令與祭祀對象，另外也根據地域性的風土差異，而調適出來的一套具象體現通俗宇宙觀的信仰文化。

台灣漢人社會節令民俗的面貌豐富而多元，也隨著人們生活形態的改變而不斷變遷。但由於在傳統文化中，歲時節令常與日常生活結合而被忽視，其祭祀的意義也因為文化的變遷而有急速飄移、斷層之現象，更由於「現代化」的生活節奏而被省略、遺忘。然而這些透過祭祀行為所呈現出來的傳統歲時文化，不僅僅是民俗、信仰文化的傳承，其實也蘊含許多先人所流傳下來的生活智慧。

李秀娥女士的這冊《圖解台灣歲時祭祀小百科》，其內容與她先前已出版的《圖解台灣民俗節慶》雖有重疊之處，但在結構上則以更為淺顯而入的問答方式來呈現。其順序依照傳統結合陰曆、陽曆節令為主，從陰曆的新正、上元、端午、中元、重陽、除夕等，以及陽曆的清明、冬至，一一列舉其祭祀的時節、祭祀的對象與祭祀的方式，雖然無法達到實際操作型工具書的標準，但至少能滿足於一般人對於台灣歲時祭祀文化所需的基本知識，從而對於先人所流傳下來的生活智慧，能有更加深入的認識。

在資訊傳播快速的現代社會中，人們的生活節奏相較於百年前，甚至是二、三十年前已有相當大的差異，不管是來自於外部因素如科技、資本主義價值等之影響，亦或是來自於人們自身價值觀的改變，近百年來已使得許多傳統的民俗、信仰文化產生巨大的轉變，衰微、沒落，甚至消失也都包括在內。對於一心迎向「新生活」的人來說，這些文化的變遷自然不以為損。但是傳統文化畢竟是先人所遺留下來的智慧，失去了傳統，也很難開創出與他邦、他族不同的新面貌。這應該也是李秀娥女士在編撰這冊《圖解台灣歲時祭祀小百科》的重要意義之一。

在這傳統文化與價值日益凋零的年代裡，自2019年起又不幸遭逢新冠肺炎的蔓延侵襲，使得原本已經呈現快速衰落的出版市場雪上加霜。天災的發生古有「祥異」之說，雖然在科學發達的二十一世紀中，似乎所有災禍的發生都可以「解釋」並加以對抗，而人立於天地間原本卑微，敬天地、鬼神的行為雖然主要的意義是呈現虔敬的心理，但應該也是我們面對這些「祥異」所應該具備的謙卑態度，或許我們可以從傳統歲時祭祀文化中得到一些啟示！

謝宗榮

2022年歲次壬寅霜降之節

作者序

祭祀文化・平安賜福

自從 2020 年底拙著《圖解台灣問俗小百科：一百個日常民俗生活的問答題》（晨星出版）問世之後，晨星出版公司的執行主編胡文青依然希望我能夠繼續寫下一本民俗方面的專書，而且也是採一問一答的方式來撰寫。我們相互激盪後，我才想到不如朝向撰寫這本《圖解台灣歲時祭祀小百科》的構思，也嘗試提出一百個台灣地區有關民眾歲時祭祀方面的問題。

我盡量將自己數十年的民俗田野知識，與心中覺得很有趣很有意思的內容，但是在 2004 年的拙著《台灣民俗節慶》（晨星出版）、2015 年改版的拙著《圖解台灣民俗節慶》（晨星出版），為顧及當時的成書內容與篇幅，無法詳細探索或過多描述的題材，反而在《圖解台灣歲時祭祀小百科》這本書中，就可以加以探查與介紹了。

而且本書採一問一答的方式，也方便讀者藉由提問來瞭解問題的相關內容與說明，增加閱讀上的另一種趣味性與學習性。當然本書採一百個提問來成書，便也無法涵蓋所有的歲時祭祀項目，難免有遺珠之憾，加上台灣地區的歲時祭祀活動，仍有南北中各地的局部性差異，筆者的體力與財力有限，也無法一一兼顧，所以僅能就筆者的接觸與學習瞭解，來加以介紹並呈現給讀者閱讀。

本書內容是針對下列項目：1.歲時的制訂與由來、2.祭祀與供品、3.天公生、4.元宵節、5.頭牙、6.清明節、7.端午節、8.七夕、9.七月普度、10.中秋節、11.重陽節、12.冬至、13.尾牙、14.送神、15.除夕過年、16.過年的禁忌等項目，而提出一百個問題，並一一解答。希望讀者們會喜歡本書的呈現內容與方式，這也是讓受文化人類學薰陶的筆者，能將所學素養與訓練，有學以致用的民俗文化園地。

感恩上天，讓筆者得以在充滿豐富歲時祭祀文化環境的家庭裡成長，與外子謝宗榮老師成婚後，又因緣際會的走向傳統祭祀文化的實踐者，我們夫婦身為長子長媳，也因公公生病後，加上婆婆年邁體衰，而自然而然地承接了夫家的祭祖與歲時祭祀責任。

其實早在我們夫婦未成婚前，有一回因事向台北行德宮三太子乩身請示，後廟宇遷往三義，當時三太子降駕時就曾指示我們夫婦將來結婚後，一定要拜祖先喔！隨著歲月的推移，我們夫婦也自然而然地成了歲時祭祀文化實踐者的一員了。

敬天法祖也是我們夫婦日常遵循的法則，在這樣的親身實踐過程中，每逢歲時節慶的日子屆臨前，由於要採購相關的祭祀供品、龜粿果餅等，都會變得相當忙碌，但因忙得很有意義，所以心裡也會很開心。加上神佛和祖先也時常讓筆者的敏感體質感應到，祂們蒞臨現場的感覺，慈悲默默地護佑著我們，讓我們平安渡險歷劫，所以總會讓我們心裡很是欣慰呢！

也感恩晨星出版公司的陳銘民社長、徐惠雅主編、胡文青執行主編等的幫忙，通過本書的撰寫企畫，同意出版本書，加上封面設計魯卡斯（陳正桓）、插畫林承儒，美術編輯李岱玲的協助，讓本書得以精美編輯和設計的方式呈現在讀者眼前。

也感謝外子謝宗榮老師應允為本書撰寫推薦序，幫忙向大眾推廣此書，而本書的主要攝影圖片，則是外子謝宗榮老師和筆者所拍攝累積，感恩這些文化田野裡的對象與題材、祭祀單位的歲時祭祀實踐活動，讓我們可以參訪與拍攝，所以能夠將這些豐富的影像，隨著書籍的內容鋪陳一起呈現給讀者，讓大家方便閱覽。

感謝上天的庇佑與賜予美好的機緣，讓筆者能夠繼續呈現一本全彩圖文並茂的專書，裨益大家的閱覽與吸收，同時也保留住台灣地區歲時祭祀文化中的珍貴影像與民俗文化內涵，讓傳統的祭祀文化得以延續與薪傳，並且清晰地呈現在世人眼前。這是筆者對台灣地區的民俗文化所盡的一點棉薄之力，也希望讀者們能夠喜愛本書的呈現與內容。祝福大家日日安康、日日喜樂！

李秀娥

寫於台北內湖．耕研居

2022 年歲次壬寅．立冬

目錄

C O N T E N T

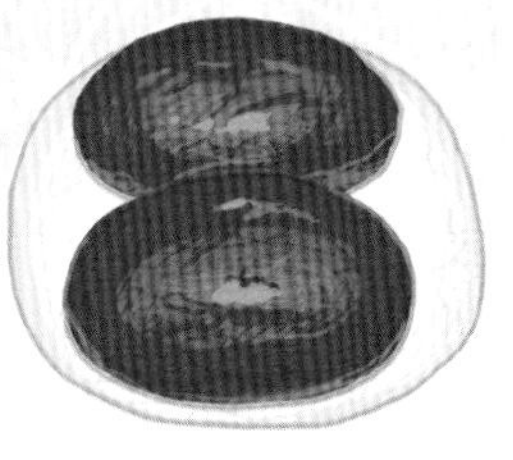

天公生

元宵節

CONTENT

頭牙

清明節

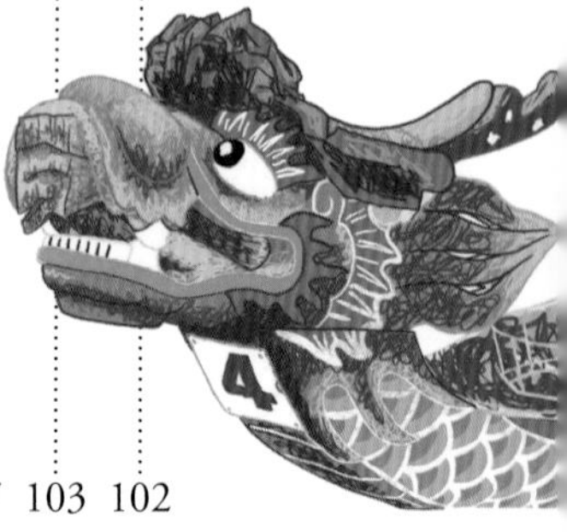

端午節

七夕

C O N T E N T

七月普度

中秋節

重陽節

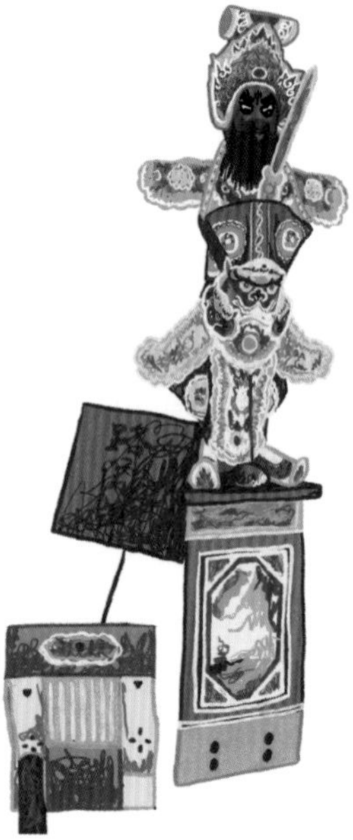

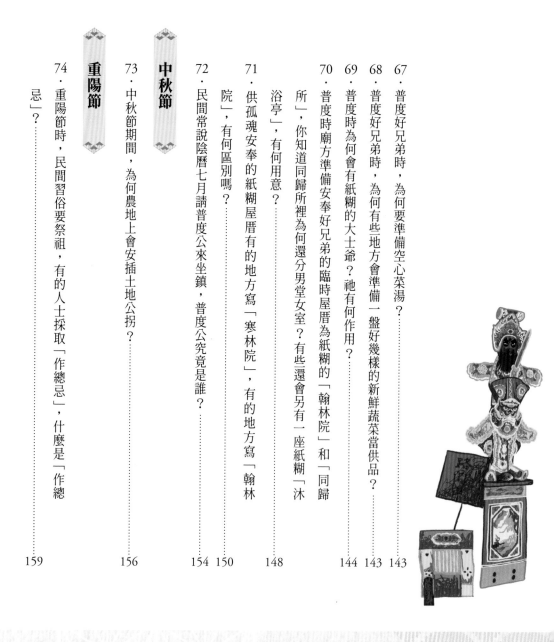

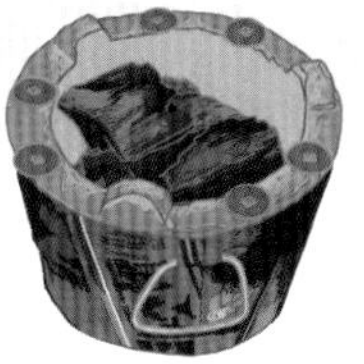

CONTENT

過年的禁忌

前言

中國的曆法由來許久，歷經許多朝代的修法與延續，曾經影響著中國的歲時與祭祀文化，由於台灣自明鄭時期有大量的漢人移民來台，而清康熙年間入清版圖後，受到清代的長久統治，又有幾波漢人移墾台灣，隨之帶入原鄉的信仰文化與生活習慣，其中有關歲時祭祀方面，許多遵循傳統漢人信仰與文化生活的百姓，便也在日常的年節祭拜上，儘量保持敬天法祖的祭祀行為，這在清代台灣的地方志上，皆可見到相關的記載。

而清代所編修的各類台灣方志中，如清乾隆十七年（1752）王必昌所編修的《重修台灣縣志》，亦可見到相關的年中歲時節俗之簡要介紹，其主要內容則參考清乾隆元年（1736）黃叔璥的《台海使槎錄》而來。在王必昌編修的《重修台灣縣志》卷十二〈風土志〉之「風俗」載：

正月元旦，家製紅白米糕以祀神，於五鼓時拜賀親友。越四日，備牲醴禮神。上元節多延道士諷經，謂之「誦三界經」。亦有不用道士，而自備饌盒禮神者。是夜，門首各懸花燈，別有善歌曲者，數輩為伍，製燈如飛蓋狀，一人持之前導，行遊市中，絲竹雜奏，謂之「鬧傘」。更有裝故事向人家作歡慶之歌，主人亦厚為賞賚。大

◆ 台北內湖元宵節夜弄土地公／謝宗榮攝

抵數日之間，煙花火樹，在在映帶，簫鼓喧鬧。十六日，各市廛競餍酒肉，名曰「頭壓」（筆者按：頭牙）。自是月以為常。臘月既望，踵而行之，名曰「尾壓」（筆者按：尾牙）。

二月二日，各街里舍逐戶鳩資演劇，為當境土地神祇慶壽，名曰「春祈福」。

三月三日，採鼠麴草合米粉為粿，以祀其先，謂之「三月節」。清明十日前後，各家祀祖掃墳，邀親友同往，輿步壺漿，絡繹郊原。祭畢，藉草啣悲，薄暮乃歸。

五月五日清晨，然（筆者按：燃）稻梗一束，向室內四隅薰之，用楮錢，送於路旁，名曰「送蚊」。門楣間懸薄艾兼插禾稗一莖，謂可避蚊蚋；榕一枝，謂老而彌健。彼此以西瓜、肉粽相饋遺。好事者於海口淺處用錢或布為標，三板漁船爭相奪取，勝者鳴鑼喝采，土人亦號曰「鬥龍舟」（筆者按：原書應為「鬪龍舟」）。午時，為小兒女結五色縷，男繫左腕，女繫右腕，曰「神鍊」。

三月盡，四月朔望，五月初一至初五日，各寺廟於海岸各船鳴鑼擊鼓，名曰龍船鼓。謂主一年旺相。

六月一日，各家雜紅麴於米粉為丸，名曰「半年丸」。

七月七日，士子以為魁星降靈，多備酒肴歡飲，村塾尤盛；又呼為「乞巧節」，家供織女，稱曰「七星孃」。紙糊綵亭，備花粉香酒飯，命道士獻畢，將端陽男女所結絲縷剪斷，同花粉擲

◆ 端午民家以豐盛的供品祭祖／謝宗榮攝

於屋上，以黃豆煮熟，洋糖拌裹，及龍眼、芋頭相贈貽，名曰「結緣」。十五日，作盂蘭會。數日前，好事者釀金為首，延僧眾作道場，將會中人年月生辰列疏；又搭高臺，陳設餅餌果品，牲牢堆盤二三尺，至夜分同羹飯施餤口，謂之「普度」。供畢，縱貧民上檯爭相奪取，每釀事端。比年官為禁止搭檯，始於各家門首設供，風俗為之一靖。更有放水燈者，頭家為紙燈千百，晚於海邊燃之。頭家數人，各手放第一盞，或捐中番錢一，或減半，置於燈內；眾燈齊燃，沿海漁船爭相攫取。沿戶或三五十家為一局，張燈結綵，陳設圖畫、玩器，鑼鼓喧雜，觀者如堵。二日事畢，命優人演戲以為樂，謂之「壓醮尾」，月盡方罷。

中秋祭當境土地，張燈演戲，與二月二日同，春祈而秋報也。是夜，士子群集讌飲，山橋野店，歌吹相聞。

重陽為登高會，童子競放風箏，如鳶、如寶幢、如八卦河洛圖，縛小籐片，能因風作響。唯夜或繫燈其上，官禁之。

冬至家作米丸，謂之「添歲」；即古所謂「亞歲」也。門扉器物，各黏一丸，謂之「餉耗」。是日，長幼祀祖賀節，略如元旦。十二月二十四日，各家掃塵。凡寺廟人家，各備茶果牲醴，印刷幢幡、輿馬、儀從（筆者按：為金紙雲馬或甲馬）於楮上，焚而送之，名曰「送神」。二十五日，相傳天神下降之日，各家齋沐焚香，莫敢狎褻。

◆ 大稻埕榮芳製七娘媽神禡／謝宗榮攝

◆ 新埔褒忠義民祭慶讚中元賽神豬／李秀娥攝

◆ 基隆中元祭放水燈遊行／謝宗榮攝

除夕前數日，以各種生菜沸水泡貯甕內，以供新歲祭祀之用，名曰「隔年菜」。是日，殺黑鴨祭神；作紙虎，口內實以鴨血或豬血生肉，於門外燒之，以禳除不祥。[1]

我們由此也可以看出許多台灣清代初期傳衍以來的歲時節俗，仍有許多基本的習俗流傳迄今，有少數雖稍有差異，例如頭壓（頭牙），上述方志寫著正月十六日，而台灣民間則有些地方是採正月初二為頭牙，一般民間是採二月初二為頭牙。

筆者在台灣的歲時祭祀文化中累積多年的田野調查，曾為文撰寫成冊，於2004年由晨星出版《台灣民俗節慶》一書，睽違十一年後再大幅修訂改版，2015年亦由晨星出版《圖解台灣民俗節慶》。但書中有些題材因顧及該書的撰寫內容，無法再分別深入探討或介紹。

1 引自清・王必昌總輯，臺灣史料集成編輯委員會編輯，2005，《重修台灣縣志》（下）（臺灣史料集成 清代臺灣方志彙刊第十一冊），台北市：行政院文化建設委員會、遠流出版事業股份有限公司，頁533-535。

剛好於本書《圖解台灣歲時祭祀小百科》中，可以就筆者個人覺得有趣的主題，或可再做細部探索的提問中，一一加以探討與介紹，這樣也可彌補《圖解台灣民俗節慶》無法論述到的面向，也或可說這本《圖解台灣歲時祭祀小百科》是《圖解台灣民俗節慶》的延伸閱讀。

本書內容分為幾大項目：1.歲時的制訂與由來、2.祭祀與供品、3.天公生、4.元宵節、5.頭牙、6.清明節、7.端午節、8.七夕、9.七月普度、10.中秋節、11.重陽節、12.冬至、13.尾牙、14.送神、15.除夕過年、16.過年的禁忌等項。針對這十六個項目中，分別提出共一百題的提問，而筆者再對這一百個問題，提出一些說明與探討。其中有些提問是與超自然現象有關的，例如：「人們掃墓時，祖先真的有在場嗎？他們會享用祭品嗎？」、「清明節時民家習慣也會敬拜祖先，當我們祭祖時，祖先真的有在場嗎？」或是「祭祖時我們焚燒紙錢，祖先能夠收得到嗎？」、「世界上到底有沒有鬼神，鬼到底存不存在？」像這類的提問，很難有科學論述的證據來證明，而筆者僅能就本身身為敏感體質者的親身經歷，來提出一些補充說明，以供讀者參考。

也希望透過這些有關台灣歲時祭祀的一百個提問，來讓讀者瞭解更多有關台灣傳統祭祀文化中，極為豐富的文化內涵與人文精神，文化的傳承就在每日的生活中，每逢歲時節俗的祭拜之際，將虔誠敬天法祖的美好傳統，展現無遺，代代相承，綿延不墜。

◆以鳳梨蘋果祀神求旺來平安／李秀娥攝

歲時的制定與由來

1．中國古代一年的歲時是怎麼制訂的？

中國曆法可遠溯殷商時代，中曆依四季寒暑定年，以冬至為歲元，即一年的初始，從冬至到下一個冬至為一歲；日月合朔定月，即月初無月、月牙至滿月、再逐漸月缺，而到下一個無月之日，以朔旦為月首從合朔到合朔為一月；一晝一夜為日，周代以前以天明為日首，漢以後以夜半為日首。故年為回歸年（太陽年），月為合朔月（朔望月或太陰月），日為太陽日，屬陰陽合曆。殷曆以干支紀日，太陰紀月，太陽紀年，用十九年七閏的章法；殷曆採「四分術」，即定歲實（回歸年或太陽年）的長度為三百六十五又四分之一日。秦漢初沿襲前朝，至漢武帝改頒太初曆，具備後世曆法的各項主要內容[2]。

接著說明中國文化中傳統觀念對天干地支、十二生肖與十二月令的關係，所謂傳統的天干地支記年月日時與十二生肖之對應如下所示：

十天干：甲乙丙丁戊己庚辛壬癸

十二地支：子丑寅卯辰巳午未申酉戌亥

十二時辰：子（半夜十一點至凌晨一點）丑（凌晨一點至三點）寅（凌晨三點至五點）卯（凌晨五點至七點）辰（上午七點至九點）巳（上午九點至十一點）午（上午十一點至下午一點）未

2 呂理政，1990年，《天、人、社會》，台北：稻香出版社，頁13-14。

十天干

◆十天干門神甲神／謝宗榮攝

◆十天干門神乙神／謝宗榮攝

◆十天干門神壬神／謝宗榮攝

◆十天干門神癸神／謝宗榮攝

十二地支

◆十二地支門神子將／謝宗榮攝

◆十二地支門神丑將／謝宗榮攝

◆十二地支門神寅將／謝宗榮攝

◆十二地支門神卯將／謝宗榮攝

（下午一點至三點）申（下午三點至五點）酉（下午五點至七點）戌（晚上七點至九點）亥（晚上九點至十一點）

十二月令：寅（一月、端月、虎）卯（二月、花月、兔）辰（三月、桐月、龍）巳（四月、梅月、蛇）午（五月、蒲月、馬）未（六月、荔月、羊）申（七月、瓜月、蘭月、巧月、猴）酉（八月、桂月、雞）戌（九月、菊月、狗）亥（十月、陽月、豬）子（十一月、霞月〔或葭月〕、鼠）丑（十二月、臘月、牛）

月份	十二地支月	傳統月令	生肖
一月	寅月	端月	虎
二月	卯月	花月	兔
三月	辰月	桐月	龍
四月	巳月	梅月	蛇
五月	午月	蒲月	馬
六月	未月	荔月	羊
七月	申月	蘭月	猴
八月	酉月	桂月	雞
九月	戌月	菊月	狗
十月	亥月	陽月	豬
十一月	子月	霞月［或葭月］	鼠
十二月	丑月	臘月	牛

◆ 表一：十二月令與生肖對照表

2．你知道氣候是怎麼來的嗎？中國古代氣與候指的是什麼？

中國傳統歲時節氣的制定主要是由古代先聖與官方的天文曆算學家觀測天象和四季氣候與萬物的變化，以配合百姓的農、漁、牧等生計之進行而形成。如《尚書．堯典》中記載：「欽若昊天，歷象日月星辰，敬授人時」、「日中星鳥……以殷仲春；日永星火……以正仲夏；宵中星虛……以殷仲秋；日短星昴……以正仲冬。」[3]意即帝堯時期，已有根據浩瀚的天意，所呈現的日月星辰等天象的變化，而授與人們春、夏、秋、冬四時定制日時作為生活農事生產的主要依據。

根據前人研究發現，戰國時的節氣是用平氣，即把一個回歸年，即一歲（由冬至日到次一個冬至日）平分二十四等分，約十五日餘。此時正好「五日一候、三候一氣、六氣一時、四時一歲」，而一歲有二十四氣、七十二候，所以一候是五日，每一節氣剛好十五日輪一個，九十日為一時，春、夏、秋、

3 漢．孔安國傳，唐．孔穎達疏，1981，《尚書．堯典》注疏卷第二，《十三經注疏》1，台北：藝文印書館，頁21。

◆ 冬季犁油菜花田翻作肥料／謝宗榮攝

◆ 迎春花開喜報春天將至／李秀娥攝

冬為四時，歷經四個時，就剛好歷經一歲了，這也是我們常說氣候的由來。

3．一年有哪二十四節氣？

中國傳統歲時節氣的制定，如前述《尚書．堯典》中記載：「日中星鳥……以殷仲春；日永星火……以正仲夏；宵中星虛……以殷仲秋；日短星昴……以正仲冬。」[4]發展到了戰國時期已有歲星紀年的說法：「歲取星行一次，年取禾更一熟」。所謂歲星即木星，因其每十二年便越曆二十八宿，正好繞天一周，後來又假設有太歲是與地面反向運行。到漢代《淮南子．天文篇》因承繼前人的說法，並訂出二十四節氣：即是「立春、雨水、驚蟄、春分、清明、穀雨、立夏、小滿、芒種、夏至、小暑、大暑、立秋、處暑、白露、秋分、寒露、霜降、立冬、小雪、大雪、冬至、小寒、大寒」。

根據前人研究發現，戰國時的節氣是用平氣，即把一個回歸年，即一歲（由冬至日到次一個冬至日）平分二十四等分，約十五日餘。此時正好「五日一候、三候一氣、六氣一時、四

◆ 農民根據歲時更迭進行傳統農作／謝宗榮攝

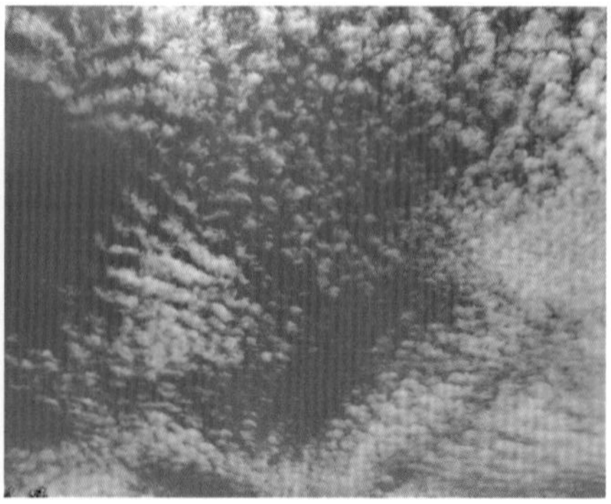

◆ 夏季晴朗的藍天白雲／李秀娥攝

◆二十四節氣門神雨水／李秀娥攝

◆二十四節氣門神清明／李秀娥攝

◆二十四節氣門神寒露／李秀娥攝

時一歲」，而一歲有二十四氣、七十二候。而歷來傳說上古時「炎帝分八節」，炎帝（神農氏）所分的八節即指二十四節氣中的「二分、二至、四立」這八天。漢朝以前這八天為天子至百姓間相當重要的祭祀日，即「冬至祭天，夏至祭地，春分祈日，秋分祈月，立春迎春，立夏迎夏，立秋迎秋，立冬迎冬。」[5]這些歲時節氣的制定，歷來經由官民的共遵共守，千百年來深刻影響漢民族的工作與休閒，成為生活中「常與非常」相間隔的一種節奏、韻律，從而構成中國式的節俗。

自古流傳有陰曆的二十四節氣歌，歌詞內容為：

春雨驚春清穀天，
夏滿芒夏暑相連；

4 漢．孔安國傳，唐．孔穎達疏，1981，《尚書．堯典》注疏卷第二，《十三經注疏》1，台北：藝文印書館，頁21。

5 馬以工，1991，《中國人傳承的歲時》，台北：十竹書屋，頁18-19。

秋暑白秋寒霜降，
冬雪雪冬小大寒。

也有第三句寫為「秋處露秋寒霜降」的。而陽曆的「二十四節氣歌」[6]則為：

一月大寒隨小寒
立春雨水二月至
三月驚蟄又春分
清明穀雨四月過
五月立夏望小滿
芒種夏至六月到
七月大暑接小暑
立秋處暑八月過
九月白露又秋分
十月寒露霜降臨
立冬小雪農家閒
只等大雪冬至過

6 「陰曆二十四節氣歌」單字訣，每年由「立春」起計；「陽曆」從一月始，上半年是六、廿一，例如一月的四、五、六，至月中十九、廿、廿一這三天內，乃節氣的交替，下半年就係六月的六、七、八，到廿一、廿二、廿三了，用這兩組數字，便於押韻。

上半年是六二十一
下半年來八二十三

以農立國的漢民族，自古以來便依賴二十四節氣的時序運作而進行農事蔬果漁獵的耕作與收穫，因此流傳有「五穀豐歉詩」，道出農民仰賴天時農作的豐收或歉損的甘苦。「五穀豐歉詩」的內容如下：

立春最喜晴一日，元旦景雲光齊天。
雨水連綿是豐年，農夫不用力耕田。
驚蟄雷鳴未足奇，月內相逢三卯日。
春分有雨病人稀，豆麥棉蠶處處宜。
清明風若從南起，預報田禾大有收。
穀雨相逢初一頭，只憂人民疾病愁。
立夏東風少病遭，時逢出六果成多。
小滿甲子庚辰日，寄生蝗蟲少稻禾。
芒種逢雷美亦然，端陽有雨是豐年。
夏至風從西北起，瓜菜園內受風災。
小暑之中逢酷熱，五穀田禾多不結。
大暑若不逢災危，定是三冬多雨雲。
立秋無雨最堪憂，萬物從來只收半。

處暑若逢天下雨，縱然結實亦難留。
白日秋分多晴氣，處處歡樂好晚禾。
秋分只怕雷電閃，冬來米價貴如何。
寒露霜飛侵害民，重陽無雨一冬晴。
霜降月紅人多病，更遇雷鳴米價增。
立冬之日怕逢壬，來歸高田枉用心。
小雪若逢壬子日，小民又受病災臨。
初一西風盜賊多，更兼大雪有災難。
冬至大陰無日色，來年定唱太平歌。
朔日西風六畜災，綿絲五穀總成堆。
最喜大寒無雨雪，下武農夫大發財。

4.「四時無災、八節有慶」，指的是哪四時、哪八節？

歷來傳說上古時「炎帝分八節」，炎帝（神農氏）所分的八節即指二十四節氣中的「二分、二至、四立」這八天。「二分」即春分、秋分，「二至」即夏至、冬至，「四立」即立春、立夏、立秋、立冬。漢朝以前這八天為天子至百姓間相當重要的祭祀日，即「冬至祭天，夏至祭地，春分祈日，秋分祈月，立春迎春，立夏迎夏，立秋迎秋，立冬迎冬。」[7]這些歲時節氣的制定，自古以來就經由歷朝官民所共遵共守，千百年來也深刻的影響著漢民族的工作與休閒，並成為人們生活中「常與非常」相間隔的一種節奏與韻律，從而構成中國和華人文化圈影響範圍下的歲時節俗。

5．為何民間流行的農民曆有「陰曆」和「陽曆」之別？

中國曆法可遠溯殷商時代，中曆依四季寒暑定年，以冬至為歲元，即一年的初始，從冬至到下一個冬至為一歲；日月合朔定月，即月初無月、月牙至滿月、再逐漸月缺，而到下一個無月之日，以朔旦為月首從合朔到合朔為一月；一晝一夜為日，周代以前以天明為日首，漢以後以夜半為日首。故年為回歸年（太陽年），月為合朔月（朔望月或太陰月），日為太陽日，屬陰陽合曆。殷曆以干支紀日，太陰紀月，太陽紀年，用十九年七閏的章法；殷曆採「四分術」，即定歲實（回歸年或太陽年）的長度為三百六十五又四分之一日。秦漢初沿襲前朝，至漢武帝改頒太初曆，具備後世曆法的各項主要內容[8]。

先秦時期，早自「軒轅命大撓作甲子，唐虞曆象、日月、星辰，欽若昊天，敬授人時。」秦漢時期漢宣帝時，丞相魏相曾經重申天地變化陰陽五行之說，強調尊天、乘時授民事君、奉順陰陽之道的重要性，奏中一方面指出，「天地變化，必繫陰陽，陰陽之分，以日為紀。日冬

7 馬以工，1991，《中國人傳承的歲時》，台北：十竹書屋，頁18-19。
8 呂理政，1990，《天、人、社會》，台北：中央研究院民族學研究所，頁13-14。

◆二十四節氣門神立春／李秀娥攝

◆二十四節氣門神春分／李秀娥攝

◆二十四節氣門神立夏／李秀娥攝

◆二十四節氣門神夏至／李秀娥攝

◆二十四節氣門神立秋／李秀娥攝

◆二十四節氣門神秋分／李秀娥攝

◆二十四節氣門神立冬／李秀娥攝

◆二十四節氣門神冬至／李秀娥攝

夏至，則八風之序立，萬物之性成。各有常職，不得相干。東方之神太昊……司春；南方之神炎帝……司夏；西方之神少昊……司秋；北方之神顓頊……司冬；中央之神黃帝……司下土。五帝所司，各有時也。」[9] 意思是說早在我國黃帝、夏禹時期，已經有以天干地支之甲子計年，並且懂得夜觀天象星辰的變化，用以訂定四季四時的記載。而秦漢時期，則受到陰陽五行變化的宇宙觀之深刻影響，而有天地生成變化與陰陽二氣的相生相循息息相關，而東、南、西、北、中五帝，分掌五行、五方及春、夏、秋、冬四時，各有職司，運作有時，此即自然之道。

到了漢成帝、漢哀帝時，朝政衰頹，大臣所奏月令已多違反時令，魏晉六朝時期則更簡略不精，一直要到唐代貞觀時期，才又逐漸恢復修訂四時讀令之制，至唐玄宗時，又將此命定為禮記首篇，講官每月月初，奏讀一篇，並親自迎請時氣，可見唐代天子對傳統月令政事的重視。但是到了宋代，因盛行程朱理學，又改舊制，時令之制便無法施行。直到明朝建立後，特置四輔秩正三品，在禮制、禮官方面，推廣得較為弘遠。傳到清代，則多數沿襲明代之制，所以對月令禮制，統治者更視為敬天授時、治國安邦的要務[10]。

9 李永匡、王熹，1995，《中國節令史》，台北：文津出版，頁29。
10 李永匡、王熹，1995，《中國節令史》，台北：文津出版，頁30。

原本至唐代以前仍相當重視四時月令的禮制頒布，而宋代則因理學興起，導致時令之制一度衰頹，直到明清時期，才又恢復重視敬天授時的月令之制，禮制恢弘。

可見傳統中國文化的傳統曆法是日以太陽日，月以太陰月的合朔月，以太陽日和太陰合朔月的月令變化等為依歸，故為陰陽合曆。只是到了民國時期，推翻帝制，日漸採用西方的太陽曆記時，以及受到西方現代化文化的薰陶，許多領導階層的菁英分子紛紛崇信西方基督宗教（如天主教、基督教），而國家的領導階層因長年捨棄傳統的歲時月令之祭拜習俗，也導致民間傳統信仰文化中，悠遠的敬天祀地、崇功報德的崇敬美德受到極為重大的衝擊。

但是民間通行的曆法記載會考慮到傳統的農漁牧之所需，便會結合太陰曆和太陽曆的紀錄推演一年度的日期變化與對照，以供各界參考。所以在民間通用的「農民曆」和專業人士通用的「通書」上面，便同時記載著太陰曆的「陰曆」和太陽曆的「陽曆」供人們對照參考，這也是非常便民的參考曆書。

◆ 民間常將農民曆作為生活宜忌行事的參考／謝宗榮攝

6．你知道傳統習俗擇日看吉凶宜忌時，專業人士要參考「通書」嗎？

由於我國文化中的歲時節俗與民眾農漁牧的基本生計息息相關，且民眾的基本生計與生命禮俗中的婚喪喜慶等事件，皆需參考官方頒定的曆法及民間擇日地理師所用的《選擇通書》（一般簡稱為《通書》）、民間慣用的則是較為簡易的「農民曆」，根據其中所記載的日時方位宜忌諸原則，再決定如何行事。又因我國信仰文化淵遠流長，隨著不同朝代的嬗遞而發展成陰陽合曆之歲時節慶。在台灣雖然由於地處亞熱帶氣候區域，農耕作息自然無法完全依照中原的二十四節氣來運作，但文化習俗的傳承仍使人們在運用農民曆的行為中，維持傳統節氣的概念，並影響台灣人的年中作息。

而專業人士使用的《通書》內容記載的宜忌項目，相較於一般的農民曆而言，較為繁複與清楚，更適合專業的擇日師對於婚喪喜慶等擇日做參考與運用，比較能夠避開生肖與歲數沖犯的日子，以免傷到事主或其家人親友等。

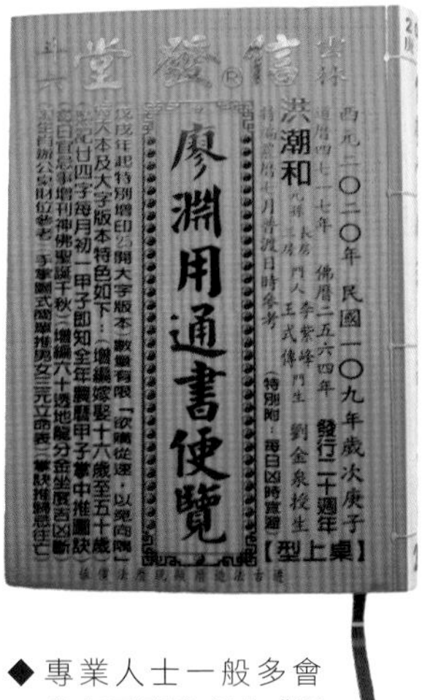

◆專業人士一般多會參考民間發行的《通書》／李秀娥攝

祭祀與供品

7．你知道民間祭祀供品的生與熟會對應祭祀對象關係的疏與親嗎？

根據中央研究院李亦園院士的研究指出：「民間舉行祭典時所用的犧牲有時看來極為瑣碎，但若仔細分析卻可看出有一定的原則存在，那就是用不同的祭品來表達對不同神靈的尊敬與親疏態度。假如把民間信仰中的神靈粗略地分為『天』、『神明』、『祖先』和『鬼』四大類，再看祭祀這四類神靈所用的犧牲、香火、冥紙就各有分別。以犧牲祭品為例，民間儀式中，用祭品以表達對不同神祇的態度，有兩對基本的原則，那就是『全』與『部分』、『生』與『熟』：用全來表達最高的崇敬與最隆重的行動，而形狀切的愈小，尊敬的程度也隨之而降低；用『生』來表示關係的疏遠，用『熟』來表示關係的稔熟和較為隨便。」[11]

李院士將其用表格化來清楚呈現，其主要內容大致如「表一」所示，但局部略經筆者稍做修改，而成下表所示：

11 李亦園，1996，《文化與修養》（國立清華大學人文社會學院主編），台北市：幼獅文化事業公司，頁160-161。

神靈項目		神		神靈	
		天	神明	祖先	鬼眾
金銀紙		金紙		銀紙	
		天金／盆金	壽金／刈金	大銀	小銀
祭品	形狀	完整	大塊	小塊	小塊
	是否烹調	生	半生	煮熟／調味	普通熟食
香火	形式	盤香	三枝	新亡祖先：二枝。成神祖先：一枝或三枝	一枝

◆ 表一：祭品類別與神靈等級間的關係[12]

例如：在民間信仰中敬拜玉皇大帝（天公）時，隆重者會準備一對全豬、全羊，而且是全生的，未經煮熟。表示天公地位非常崇高，但與人們關係疏遠，民間人士對於高高在上的玉皇是敬而遠之的，所以敬備的牲禮是全且生的。

至於敬拜一般的神明時的牲禮則是五牲或三牲，其中會有全雞或全鴨、全魚、但是大型的豬，在此時則是切成長條狀代表敬獻即可，而且這些牲禮是採用半生熟的處理方式來敬獻的。表示一般神明的關係相較於玉皇大帝，對人們而言更為親近些了。

至於敬獻祖先時的牲禮，則是將祭拜過神明的牲禮，切小塊盛盤，或再稍微加工煮得更熟，祭祖的供品就與我們家人吃正餐時一樣，用來敬獻即可，所以一般也稱為用「便菜飯」來祭祖。表示祖先與我們的關係非常親近，因為就像家人一般，所以祭品也與人們家庭中所共食時相同。

到了祭祀鬼魂類的好兄弟時，基本上因為鬼魂屬陰，人們對於鬼魂是又懼又怕，很怕被鬼魂纏擾不寧，但是又必須祭拜安撫，以免他們心生不滿而作祟於人，所以一般家庭中準備的祭品，則會是較簡單隨意的幾樣食品，不會像祭祖般用幾乎完全熟食的正餐。又怕鬼魂騷擾，所以中元祭拜好兄弟的祭品中，也常會準備一道空心菜湯，提醒鬼魂要有體悟空性的智慧，千萬

12 此表基本參考李亦園，1996，《文化與修養》（國立清華大學人文社會學院主編），台北市：幼獅文化事業公司，頁161-1621。但經筆者局部調整，如原文的「冥紙」修改為「金銀紙」，「割金」修改為「刈金」；「小鬼」修改為「鬼眾」；供祖先的香火，原文為「二枝」，經筆者修改為新亡祖先：二枝，成神祖先：一枝。

不要執著，不要逗留人間，不要騷擾陽世之人。也有民間流傳說拜好兄弟供空心菜湯，是為了表示祭祀者與鬼魂不熟，請他們吃完就走，不要再來纏擾之意。

然而比較特別的是，如果是民間宮廟於中元普度超薦鬼魂好兄弟等時，常會準備非常豐盛的食物與各項供品、看牲、看桌等，不惜重資，延聘僧道，來超渡眾孤魂，如此繁重的祭祀禮儀與規模，則遠非一般民家的中元祭祀所可比擬的。

所以民間信仰中祭祀對象地位的尊崇與否，與祭祀者關係的疏與親，相對應於牲禮祭品的「全與部分」、「生與熟」，確實有其基本的原則以示區別，這也是傳統社會在祭祀禮儀上的禮法，可作為人們日常祭祀法則的參考依歸。

8．你知道民間習俗祭拜的供品也要講究吉利諧音嗎？

民間祭拜盛行備水果敬祀神明和祖先，揀選春、夏、秋、冬四時時令水果，如各種天然水果：鳳梨、香蕉、蘋果、梨子、甘蔗、橘子、芒果、龍眼、香瓜、哈密瓜、葡萄、火龍果等，揀選五樣水果敬祀，即為「五果」。

也常見稱用「四果」來祭拜，此為春、夏、秋、冬四時時令水果，故稱「四果」。但也有民眾是揀選四樣水果敬獻祭拜，而任選四樣一同祭祀，也稱為「四果」。也可揀選三樣水果敬奉的，看人的心意與方便。

民間人士在敬神時，有講究者，會特別揀選幾樣特定的水果，以水果的發音或諧音的吉利與否為主要考量，例如：同時祭拜鳳梨（諧音「旺來」）、梨子（或西洋梨，諧音「來」）、柚子（諧音「有」或「佑」）、柑橘（諧音「吉」或「結」）、蘋果（諧音「寒果」，也有取「平安果」之意）等五樣水果，此有取其「旺來有結果」、「旺來有吉果」或「旺來佑吉果」的吉利諧音之意。

又如年節祭拜時，常見過年的年柑，神桌上要供奉兩疊柑橘塔，因「橘」與「吉」諧音類似，取其「大吉大利」之諧音吉兆，頗受台灣民間各界人士所歡迎。也有求財者，祭拜時常會敬獻營養價值很高的「奇異果」，諧音類似「吉利果」，被賦予帶來財運吉利之兆。

又如民間祭祀時，重要年節常會敬獻一對發粿，而且敬獻的發粿也常會挑選粿粉發得較好看的，此也有取其象徵「大發」、「大發利市」、「運勢發達亨通無礙」之意。此外，還強調祭拜時供豆乾，諧音有「大官」之意，象徵帶來子孫仕途有望，祈求獲取功名利祿，將來升任高官要員，前途無限光明。

◆ 供香蕉諧音代表「快招」／李秀娥攝

◆ 供柚子諧音代表「有」或「佑」／李秀娥攝

◆ 供西洋梨或梨子諧音代表「來」／李秀娥攝

◆ 供鳳梨諧音代表「旺來」／李秀娥攝

◆ 供蘋果諧音代表「平安」或「平安果」／李秀娥攝

◆ 供柑橘諧音代表「大吉大利」／李秀娥攝

又如祈求「早生貴子」的民眾，常會敬備「紅棗、花生、桂圓、瓜子」一起祭拜，這也是取其吉利諧音之意，來敬獻神明，希望神明看在祭祀者的誠意上，能夠滿足他們的心願而降福給祭祀者。

端午節時民間祭品上也有敬備菜豆（長豆）的，此有「吃豆吃到老老老」的俗諺，意寓吃菜豆會吃得很長壽。此時節也有敬備茄子的，台語俗諺：「吃茄卡會秋抖」，亦即此節日能夠祭拜和吃到茄子的人，會很活潑有活力，或有說是態度會比較誇耀，連走路肢體動作都很神氣呢！

也時常有考生為了希望可以順利高中，而多喝包種茶，取其諧音「包中」的好兆頭，或是刻意用包子和粽子搭配當供品來祭拜，此也有取其諧音「包中」的吉兆。

◆有些考生喝包種茶取諧音「包中」的吉兆／李秀娥攝

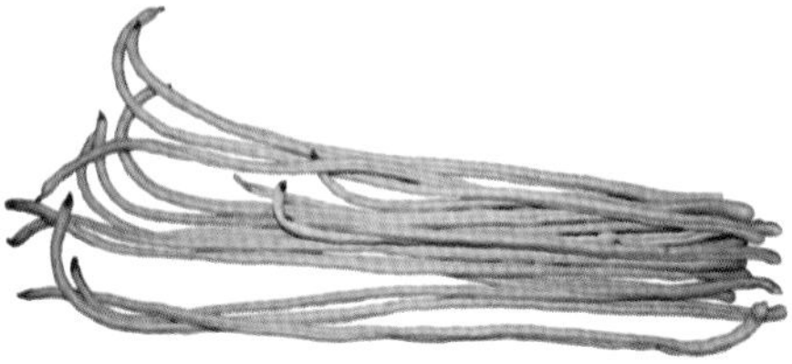

◆俗諺：「吃長豆吃到老老老」／李秀娥攝

◆拜大黑干諧音代表「大官」／李秀娥攝

◆俗諺：「吃茄卡會秋抖」／李秀娥攝

◆供豆乾諧音代表「大官」／李秀娥攝

◆供發粿諧音代表「發達」、「大發」／李秀娥攝

9．你知道民間習俗祭拜供品諧音不吉利者不拜或不吃嗎？

用於祭神、拜祖先等祭拜，民間傳統習俗上忌用番石榴、番茄、釋迦等三項水果，因為傳說番石榴、番茄的種子會連同果肉一起吃進去，之後會隨著排泄物一起排出來，並且隨處生長，屬於較低賤的水果，取這樣的水果來祭拜，對神明較不敬。此外，釋迦則因形狀與釋迦牟尼佛的頭上髮髻相同而得名，以此水果來敬其他神明，怕對佛陀不敬，而一般神明也擔待不起。但是鳳梨蜜釋迦是這幾十年來新栽培出的品種，價位高檔，口感也佳，地位不同於昔日的一般釋迦，有些民眾則會採買高檔的鳳梨蜜釋迦來敬神祭拜。

民間辦喪禮時，治喪奠祭不可拜香蕉，因香蕉之「蕉」的台語發音為「招」，怕有再度招來喪事的不吉利感。此外喪禮祭拜亡魂時，禮儀公司的人也會交代喪家，準備的水果盡量是圓圓大大的，不要買葡萄來拜，因為葡萄是成串的，怕導致家裡的喪禮會像葡萄一樣，一顆顆串在一起接連而來，所以視喪禮中拜葡萄為禁忌，故而不鼓勵。

民間也有祀神拜祖不可拜蓮霧之說，因蓮霧之台語音為「連霧」，有不明之意，屬陰，不是好吉兆[13]。也有人說李子不可用來

◆ 民間認為番石榴（芭樂）吃下排泄後種子隨地可種，較賤不可敬神／李秀娥攝

◆ 民間認為番茄吃下排泄後種子隨地可種，較賤不可敬神／李秀娥攝

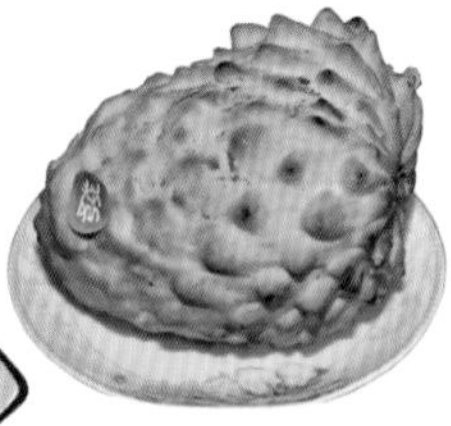

◆ 釋迦一般不用來敬佛祖，但鳳梨釋迦為高檔水果可以敬其他神明／李秀娥攝

◆ 葡萄成串一般喪禮中不拜，以免喪事接連而來／李秀娥攝

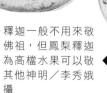

拜神明，因為太上老君，姓李，名耳，人們多稱其老子，人們怕拜李子，對老君不敬，故而忌諱之。

有些媒體上出名的民俗老師，則會公開教導民眾在中元普度拜好兄弟時，千萬不要同時準備香蕉、李子、梨子這三款，據說這三種水果台語發音剛好是「招你來」，民眾一般怕鬼魂都來不及了，怎麼還會希望祭拜時有多招鬼魂來的意思呢，所以這些民俗老師便提醒大家不要如此準備祭品。有些民俗老師也會在媒體上講中元普度時應避免拜龍眼，因為龍眼是成串成串的，怕鬼魂也會成串成串般的出現或糾纏陽世之人。

可是也有許多民眾百無禁忌，因為陰曆七月時，正好是龍眼成熟期，民間習慣的祭品本來就是當季當令的水果，或是當家裡園地栽種的香蕉或龍眼成熟時，就會直接取來祭拜，而不用再花錢採買其他水果。可見民眾在此方面並未有一致的忌諱原則，隨民間人士的誠意和心意，只要拜得心安理得就好。有些水果攤的老闆甚至會主張，只要民眾想吃什麼水果，就可以拜什麼水果，不用忌諱那麼多呢！

◆ 蓮霧諧音「連霧」，會讓事情不明朗，故有些人忌諱不用來敬神／李秀娥攝

◆ 百香果其籽多且排泄後可種，有些人視為低賤也不用來敬神，但也有人不忌諱／李秀娥攝

13 蕭達雄，2003，《台澎地區禮俗禁忌論說：台語說禁忌》，高雄：高雄復文圖書出版社，頁107，62。

此外，有的考生為了考試可以順利高中，而被鼓勵多喝包種茶，取其諧音「包中」的好吉兆，甚至在重要考試期間不敢喝烏龍茶，怕考試會搞烏龍，成績不理想，而暫時不飲用。

◆有些考生怕考試搞烏龍成績不理想，故不喝烏龍茶／李秀娥攝

10．你知道祀神的牲禮為何？

「醴」者通「禮」，為祀神以致福之意。古代官方祭祀天地諸神有敬奉「太牢」、「少牢」之別，《禮記．王制》中載有：「天子社稷皆太牢，諸侯社稷皆少牢。」按《公羊傳》桓八年「冬曰烝。」注：「禮，天子諸侯卿大夫，牛羊豕凡三牲曰大牢，天子元士、諸侯之卿大夫，羊豕凡二牲曰少牢。」程大昌《演繁露》：「牛羊豕具為太牢，但有羊豕無牛，則為少牢，今人獨以太牢名牛，失之矣。」[14]

天子以全牛、全豬、全羊祭祀者為太牢之禮；諸侯以全豬、全羊為祭祀者，則為少牢之禮。祭祀之禮傳衍在民間，則多以「牲醴」稱之，一般多俗寫成「牲禮」。

常見民間祭祀時的牲醴有分為三牲、四牲、五牲的，其中牲醴又有大、小副之別，所以三牲中，也有「大三牲」、「小三牲」之稱。

民間若以三項牲醴為祭品者，如三層豬肉、全雞、全魚（或全鴨），稱為「三牲」，這也是「大三牲」。民間習俗擺放三牲有其原則，以面對神明而言，三層豬肉為中牲，左雞、右魚。雞頭一般多朝向神明，漳州人、泉州人會習慣將魚頭向著神明，而同安人則習慣將魚尾向著神明，以示族群的區別。

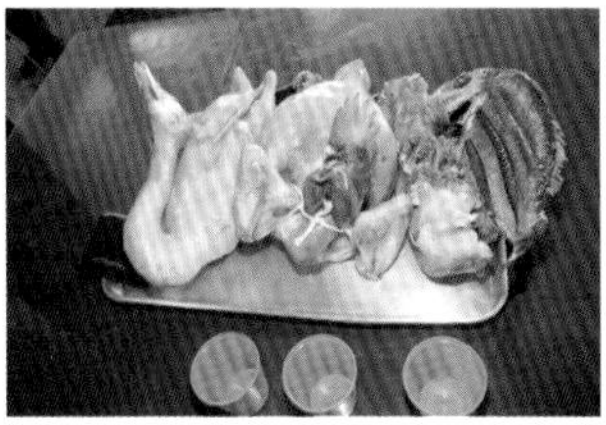

◆ 祀神時的五牲和酒／李秀娥攝

民間習俗在祭拜一般神明時，牲禮不會完全煮熟，以全副來拜，表示與神明關係半生熟。而祭拜祖先時，則多會煮熟切成塊狀，表示與祖先的關係較熟絡。另有新墓完工謝后土、拜祖先時，也會用三牲。民間習俗在敬神的牲禮上，忌諱用病死的動物和水產，也忌諱用牛肉、狗肉來敬拜，也有逐漸受到佛教影響，強調慈悲不殺生者，改以豆類製或麵粉塑的素三牲祭拜，後來甚至也流行果凍製的素三牲。

五牲或三牲主要是用於祭拜玉皇上帝、三官大帝的部屬神，故習慣被放置於下桌。除了拜天公、三界公外，通常也用於婚喪祭典或還願時。民間人士也有強調慈悲為懷不忍心殺生者，改以豆類製或麵粉塑的素五牲祭拜的。

而民間信仰習俗多重天公生拜玉皇上帝（天公、上蒼）、三元節（上元、中元、下元）拜三官大帝（俗稱三界公），此時的牲禮祭品，除了下桌獻給部屬隨從等神明的五牲之外，兩旁往往會再加上生而俱全的全豬、全羊之牲豚來獻敬，即採古代少牢之禮的祭祀遺俗。後來因為受到佛教人士推廣的慈悲不過度殺生，所以民間人士在祭拜上，也漸漸以素的麵豬、麵羊來替代肉類牲豚的獻敬。製作材料種類多樣，有沙奇瑪、花生糖、壽麵、紅片糕等製成的素麵豬、素麵羊[15]。

14 熊鈍生，1980，《辭海》〈太牢〉條，台北：台灣中華書局，頁12-24。

15 李秀娥撰，2015，「牲醴（牲禮）」條，參見內政部「全國宗教資訊網」《宗教知識家》線上百科「宗教知識＋」內「宗教器物」項下。

11．你知道逢幾大節日時要祭祖？祭祖的主要祭品為何？祭祖的牲禮與敬神的牲禮有差別嗎？

傳統信仰文化中非常尊奉崇功報德的思想，且受到儒釋道三教的薰陶，尤其是儒家文化中敬天法祖的觀念，因此非常重視慎終追遠的祭祖活動。傳統信仰文化中，一年中有好幾個重要節日都需祭祖，包括上元、清明、端午、中元、中秋、重陽、冬至、除夕等節。凡遇上述8個節日，一般民家都會舉行祭祖活動，但是有些民家會因為家庭信仰傳承習慣的不同，而稍有差異，例如，會因為中秋節（陰曆8月15日）與重陽節（陰曆9月9日）相隔不久，所以中秋節時省略不祭祖，直待重陽節時再一起為祖先「作總忌」（統一祭祖日）。而一般民家的祭拜習俗，凡是要祭祖的日子也都要準備敬品拜地基主。

祭祖時一般是敬備與我們家庭吃飯時一樣的飯菜，所以又稱「便菜飯」，吃葷食的民家就準備葷食的便菜飯，而吃素的民家就敬備素食齋飯敬奉祖先。葷食的民家尤重牲禮，一般習慣是未切小塊的三牲三禮（自左而右：全魚、三層豬肉、全雞）先敬奉神明後，再切成小塊轉而拜祖先，請祖先享用。

1. 台北市謝姓宗親會春季祭祖／謝宗榮攝　2. 台北市謝姓宗親會春季祭祖的供品／謝宗榮攝　3. 台北市謝姓宗親會春季祭祖的牲禮和菜餚等，祖先有成神故供整副牲禮／謝宗榮攝　4. 台北市謝姓宗親會秋季祭祖／謝宗榮攝　5. 台北市謝姓宗親會祖先牌位／謝宗榮攝　6. 台北市謝姓宗親會秋季祭祖恭讀祝文／謝宗榮攝

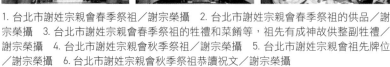

以示敬神和敬祖的牲禮，還是稍有區隔的。

這也是因為傳統信仰文化中，祭祀者與祭祀對象間的親疏有別，我們和神明間的距離沒有祖先那麼親近，所以敬神時的牲禮如雞肉，會比較半生熟且是全雞；而祭祖時的牲禮，如雞肉則會是全熟且切小塊，與我們陽世人享用時無差別，代表我們與祖先的關係是很親近的。但是也有民家在祭祖時，因為不懂這種傳統的祭品禮法，而直接將未切的牲禮直接移轉來拜祖先了。

◆ 民家週年忌日祭祖便菜飯／李秀娥攝

12．你知道什麼是五牲嗎？

五牲較三牲的祭品更隆重，共有五項牲禮，為全豬或豬頭尾（用豬頭需附豬尾，象徵全豬）、全雞、全鴨、全魚、蝦子（或豬肚、豬肝）。五牲的擺法不同，豬擺中間為「中牲」，雞鴨擺兩側為「邊牲」，魚蝦擺後面為「下牲」或「後牲」。主要用於祭拜玉皇上帝、三官大帝等尊貴神明的下桌，即敬獻給祂們的部屬神，否則頂桌是清素的齋品；通常用於婚喪祭典或還願時[16]。民間也有強調慈悲為懷不忍心殺生者，改以豆類製或麵粉塑的素五牲來祭拜。

16 徐福全，1995 [1990]，《臺灣民間祭祀禮儀》，新竹：臺灣省立新竹社會教育館印行，頁46-47。李秀娥，2004，《台灣民俗節慶》（民俗藝術16），台中：晨星出版社，頁34。

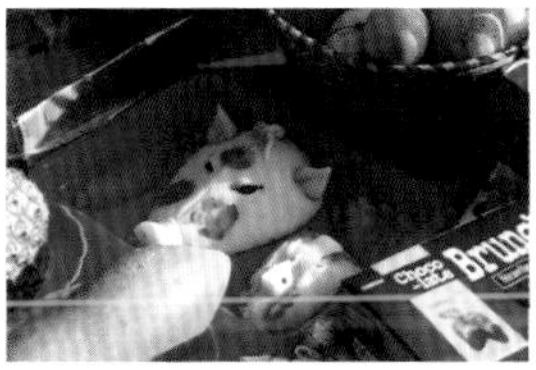
◆ 不忍殺生者敬獻素五牲／謝宗榮攝

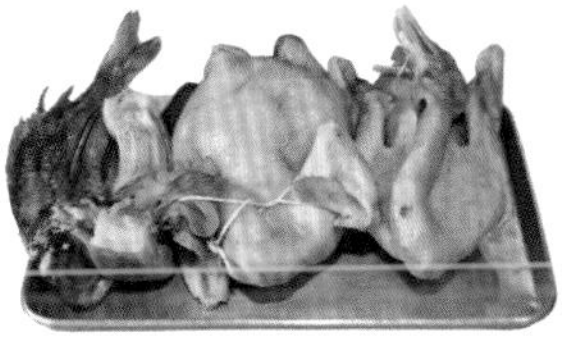
◆ 五牲為較隆重的牲禮／李秀娥攝

13．你知道什麼是三牲？大三牲和小三牲又是什麼？

「三牲」是指三項牲禮，通常為三層豬肉、全雞、全魚（或全鴨），這也是「大三牲」。三牲的擺法：面對神明，三層豬肉為中牲，左雞、右魚。雞頭向神明，一般漳州人、泉州人將魚頭向著神明，同安人將魚尾向著神明。用於祭拜神明時，不必完全煮熟，以全副來拜，表示與神明關係半生熟；而祭拜祖先時，則多會煮熟切成塊狀，表示與祖先的關係較親近。另有新墓完工謝后土、敬祖先時，也用三牲。民間敬神的牲禮忌諱用病死的動物和水產，也忌諱用牛肉、狗肉來敬拜[17]。民間也有強調慈悲不殺生者，改以豆類製、麵粉塑或果凍製的素三牲做為牲禮。

「小三牲」則是指比一般的三牲小一點的祭品，為一小塊豬肉、雞蛋、魚（或豆干）；或一小塊豬肉、麵干、豆干（拜豆乾音同「官」，有做大官之意）。用於消災厄謝外方（指遊方亡魂）、祭五鬼、祭白虎煞、犒將、喪禮路祭時所用[18]。

◆ 不忍殺生者敬獻麵包製素三牲／李秀娥攝

◆ 豬肉、雞、魚為大三牲／謝宗榮攝

◆ 小塊豬肉、鴨蛋、豆乾為小三牲，常用於制解（祭改）獻煞神／李秀娥攝

14．一般人拜三牲時，雞頭和魚頭朝向神明，你知道同安人後裔拜拜時，魚尾朝向神明嗎？

一般民眾在敬祀神明時，不論是五牲或三牲，牲禮的擺放方式通常是雞頭、魚頭同向，一同朝向神明，以表達對神明的崇敬之意。但是有一例外，那就是當泉州府轄的同安人或是在台的同安後裔，他們為了表達族群意識，做出與別的族群的區隔，敬神習慣就有所不同，而是特別將魚尾朝向神明。

◆ 同安人祀神時習慣將魚尾朝向神明／李秀娥攝

所以當我們在外面看到有人在敬祀祭拜神明時，將魚尾朝向神明的一般都是同安族裔，少數則是搞不清楚祭拜規則而隨意擺放的，那就另當別論了。因為自古代清朝以來，台灣的族群械鬥很嚴重，三年一小亂，五年一大亂，所以民間為了區別是否為同一族群的人士，便會有一些生活祭拜上的小原則，這也是一種提醒，我群與他群的不同，也是一種我群的安全辨識規則呢！

15．你知道廟宇神誕期的祭祀活動通常會行三獻禮，三獻禮是指什麼？

三獻禮為一種以禮儀性為主，而不具有明顯儀式性的祭典，採儒家式禮儀，因時間較短，較少聘用專業人員（道士、法師），而以莊嚴肅穆為主要訴求。禮儀中主要以奉獻供品為表徵，民間稱為「獻禮」，其規模大小一般以獻酒（爵）的次數來區分，有單獻禮、三

17 徐福全，1995 [1990]，《臺灣民間祭祀禮儀》，頁48。李秀娥，2004，《台灣民俗節慶》，頁34。

18 徐福全，1995 [1990]，《臺灣民間祭祀禮儀》，頁48。李秀娥，2004，《台灣民俗節慶》，頁35。

1 2 3
4 5 6
1. 大溪福仁宮開漳聖王聖誕行三獻禮／李秀娥攝　2. 大溪福仁宮開漳聖王聖誕的豐盛五牲牲禮／李秀娥攝　3. 南鯤鯓代天府神誕請道長作三獻／謝宗榮攝　4. 三獻禮中行獻爵禮／謝宗榮攝　5. 三獻禮中行叩首禮／謝宗榮攝　6. 三獻禮中恭讀祝文／謝宗榮攝

獻禮，以至於九獻禮等。其中以三獻禮最為常見，俗稱「作三獻」，是民間祭儀中使用最廣、也是最重要的一種，尤其是在神明生與千秋聖誕日的祭典中，更是不可或缺的儀式。

三獻禮亦即分三次敬獻爵、祿、酒、果等供品，分別為初獻、亞獻、終獻。完整作三獻祭儀也有許多儀禮配合，依次為：擂鼓三通、鳴鐘九響、奏樂、行三跪九叩的參神禮、迎神進饌、初獻、恭讀祝文、亞獻、終獻、獻帛、化財、焚祝文、送神撤饌、望燎等。作三獻的過程也會因為地域、祖籍的差異而有所不同，但意義與精神卻是一致的，都表達了信眾對神明的崇敬心理。台灣民間寺廟神誕的作三獻，一般多由廟中執事負責訓練禮生行禮，較隆重的也會延請道士或法師來主持儀式，其規模則類似建醮法事的縮影[19]。

16. 你知道廟宇每逢年例的重要神誕日，會行祝壽儀式，祝壽內容一般為何？

一般宮廟因為常是多神信仰，同時供奉許多神祇，所以年例祭祀的神明聖誕千秋（神明生）就有許多的日子，但是為了節省人事與經費開銷，所以常常會以最重要的主神神誕日為主要的年例祭祀日，舉行盛大的祝壽法會或是聖誕千秋法會，且聘請道長或誦經團，誦經祝壽暨祈福，有的還會舉辦盛大的聖誕繞境活動，加上演戲酬神，非常熱鬧！

部分廟宇舉行祝壽儀式會舉行三獻禮，由司儀主持，祝生禮生等配合主祭者、陪祭者、與祭者共同舉行敬獻之禮。倘若宮廟經費充足者，則延聘道長帶領法師團，由後場人員伴奏美妙道樂，一同執行祝壽科儀。以北部正一道派為例，其祝壽科儀的內容程序如下：1.聖號。2.步虛。3.香偈。4.水偈。5.老君香偈。6.祝香偈。7.請神。8.獻供。9.四神咒。10.宣疏。11.卜筶。12.化財[20]。此時的獻供多為「七獻供」，包括香、燈、茶、酒、果、飯六樣，名為「七獻」。

而廟方人員或信眾則敬備許多豐盛的牲禮、齋品、鮮花、水果、酒禮、壽桃、壽麵等來為神明祝壽。整個道教祝壽科儀過程莊嚴隆重，依禮儀而行，仙樂飄飄，諸神無不歡喜納受。

1. 芝山巖惠濟宮開漳聖王聖誕行祝壽團拜禮／謝宗榮攝
2. 道教儀式的祝壽法會壇場布置莊嚴肅穆／謝宗榮攝
3. 芝山巖惠濟宮文昌帝君神誕，由佛教誦經團行祝壽法會／謝宗榮攝

19 「三獻禮」內容引自謝宗榮，2020，《圖解台灣廟會文化事典：廟會實境╳角色轉換╳進香遶境╳祈福拜拜》（圖解台灣26），台中市：晨星出版有限公司，頁164-165。

20 感謝謝宗榮老師提供北部正一道派祝壽科儀的程序。

天公生

17．民間拜天公時習慣分頂桌和下桌，頂桌供品為何是清素的供品？下桌供品為何有葷食的供品？

拜天公時供奉於頂桌上清素的供品，慎重些的會準備「十二齋」，一般民家初九拜天公則可準備六齋。頂桌和下桌的特色也不同，頂桌是獻給最尊貴的天公，以清素的齋品為主，頂桌為紮上紅紙的麵線三束（代表長壽）、老薑和鹽（代表山珍海味）、五果（五種水果）、六齋（六種素料）或菜碗十二（稱為十二齋），以及紅圓、紅牽（紅乾）等，南部有加上糖塔、糖盞等。

而下桌是獻給天公或三界公的部屬神明，由於有許多文臣武將，因而是以葷食的五牲供品為主。五牲為全豬或豬頭尾（用豬頭需附豬尾，象徵全豬）、全雞、全鴨、全魚、蝦子（或豬肚、豬肝）。五牲的擺法不同，豬擺中間為「中牲」，雞鴨擺兩側為「邊牲」，魚蝦擺後面為

◆ 拜天公之頂桌和下桌／李秀娥攝

◆ 拜天公之頂桌，為清素的供品／李秀娥攝

◆ 拜天公之頂桌，有三茶五酒、壽麵、六齋、紅乾（紅牽）、紅圓、薑鹽山珍海味、素果、發粿等清素供品／李秀娥攝

「下牲」或「後牲」。此外，下桌還有紅麵龜，原本麵龜也屬素食，但因為麵龜屬性為獸類，所以被歸為動物的食品，按照禮數是不能供上頂桌的，所以必須供奉在下桌。

1
2
3 4
5

1. 拜天公之下桌，有果凍三牲、壽桃、發粿、麻粩米粩、素果等／李秀娥攝
2. 拜天公道長恭讀疏文／李秀娥攝
3. 結婚拜天公的頂下桌／李秀娥攝
4. 松山奉天宮的玉皇上帝和三官大帝／謝宗榮攝
5. 麵龜雖為素食但為獸類得擺在下桌／李秀娥攝

18．民間拜天公時，除了常見擺頂桌和下桌之外，為何還有人會擺三層的供桌？擺三層供桌又象徵什麼？

台灣的民間信仰習俗中，有些地區在拜天公時，通常是擺上、下兩桌，而有民眾更為講究的是會擺設三層供桌，一層比一層高，此有象徵「天、地、人」三才的意義，用這樣隆重的擺設來祭拜上蒼（玉皇上帝、天公）或三界公，表達最高的崇敬之禮。在《道教大辭典》中「三才」：「謂天地人也。〔易繫辭〕易之為書也，廣大悉備，有天道焉，有人道焉，有地道焉，兼三才而兩之。」[21]可知易書之博大精深，包括天道、人道、地道的三才思想在內。而民間人士在擺設敬天的三層供桌時，也將之比擬與天、人、地三才三層對應的古老思想。

拜天公時所擺放的供桌，稱為「締天台」或稱「置天台」，依照古禮標準有上、中、下三層，在頂桌（最上層供桌）兩側綁一對紅甘蔗，要帶頭尾青的葉子和鬚根，表示有頭有尾、頭尾甜，節節高昇、步步高昇的吉兆。甘蔗上並繫上一對拉成長串的黃高錢或五色高錢。最上層擺放一副紙糊的天公座，象徵天公或三界公的降臨寶座。並擺放香爐、對燭、三茶五酒、鮮花一對、水果四盤或五盤、六齋或十二齋、紅牽（紅乾）6個、紅圓6個、壽桃、三杯壽麵、山珍海味（老薑和鹽）等清素的齋品。

◆宜蘭三星靖靈宮的三層天公桌／李秀娥攝

中桌（中層供桌）則安放神明、香爐、茶、酒、水果、鮮花、素齋碗、麻粩，中桌供品也是清素的齋品。

而下桌（最下層供桌）也可以安放神明，香爐、茶、酒、水果、鮮花、素齋碗、麻粩、紅麵龜、五牲或三牲、金紙、疏文、奉誦的經書、儀式用法器等。下桌還可以擺放葷食的供品，所以麵龜雖然是素食的，但因為其屬性為獸類，所以不能上頂桌，必須安放在下桌，才符合禮儀。有些宮廟因為強調吃素或不殺生，所以也會將下桌的五牲或三牲改為素五牲或素三牲來敬獻。

21 李叔還編纂，1992〔1979〕，《道教大辭典》，台北市：巨流圖書公司，頁8。

19．有些人以六齋拜天公，何謂六齋？

拜天公時供奉於頂桌上清素的供品，慎重些的會準備「十二齋」，一般民家初九拜天公則可準備六齋。頂桌和下桌的特色也不同，頂桌是獻給最尊貴的天公，以清素的齋品為主；下桌是獻給天公的部屬神明，因而是以五牲等葷食為主。頂桌為紮上紅紙的麵線三束（代表長壽）、老薑和鹽（代表山珍海味）、五果（五種水果）、六齋（六種素料）或菜碗十二（稱為十二齋），以及紅圓、紅牽（紅乾）等，南部有加上糖塔、糖盞等。

◆ 六齋中的五行齋碗，木（木耳）、火（紅棗）、土（花生）、金（金針）、水（冬粉）／李秀娥攝

◆ 拜天公頂桌的五行六齋／李秀娥攝

◆ 拜天公頂桌含五行的六齋供品／李秀娥攝

所謂六齋即乾料或素菜六道，如香菇、金針、豆皮、木耳、紅豆、黃豆、花生、海帶、豆干、蘑菇、芋頭、麵筋、素雞等類任選六道，若備十二道即為十二齋碗（菜碗）。菜碗可備六道、十二道、二十四道或三十六道。

其中有較講究者，必在六齋或十二齋的菜碗，敬備「五行」元素的素料菜碗，亦即以金針（代表金）、木耳（代表木）、冬粉（代表水）、紅棗（代表火）、花生（土豆，代表土）等，民間也有人將此五行齋碗稱為「五齋」。

而下桌的葷食供品為五牲（如全雞、全鴨、全魚、全豬、全羊，亦有用魚卵、豬肉或豬肚、豬肝代表的），由於拜尊貴的天公之部屬，所以牲禮多強調生而全的，只要稍微燙熟即可；此外，還有麵龜、甜料（如米束、甜糕、生仁）等[22]。

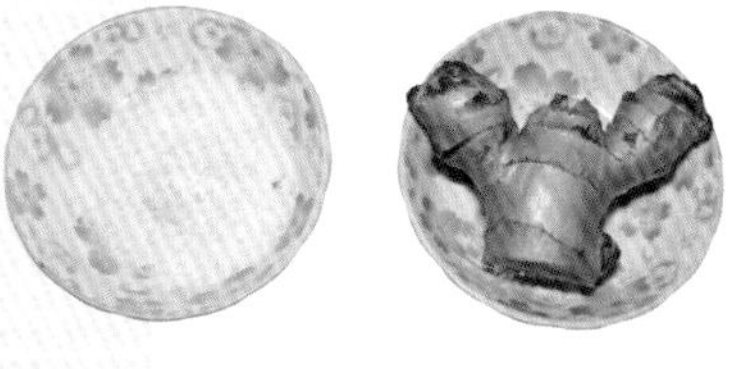

◆ 拜天公頂桌用老薑和鹽巴，分別代表山珍和海味／李秀娥攝

20．有些人以十二齋拜天公，何謂十二齋？

這是台灣道教廟宇於天公生或三元節，敬拜天公或三界公時所敬備的頂桌齋碗（菜碗）供品，例如香菇、金針、豆皮、木耳、紅豆、黃豆、花生、海帶、豆干、蘑菇、芋頭、麵筋、素雞等類任選十二道，即為十二齋碗（菜碗）。簡單者選六樣，即為供六齋，若供桌空間夠，有的是供十二齋，即是十二樣的素食菜碗。其中有較講究者，必在六齋或十二齋的菜碗，敬備「五行」元素的素料菜碗，亦即以金針（代表金）、木耳（代表木）、冬粉（代表水）、紅棗（代表火）、花生（土豆，代表土）等，民間也有人將此五行齋碗稱為「五齋」的。

◆ 六鹹六甜的十二齋碗／李秀娥攝

22 李秀娥，2004，《台灣民俗節慶》，（民俗藝術16），台中：晨星出版社，頁35, 82-83。

21．備來拜天公的神豬頭上插的一對紙糊裝飾，稱為「金花」，它的用意為何？

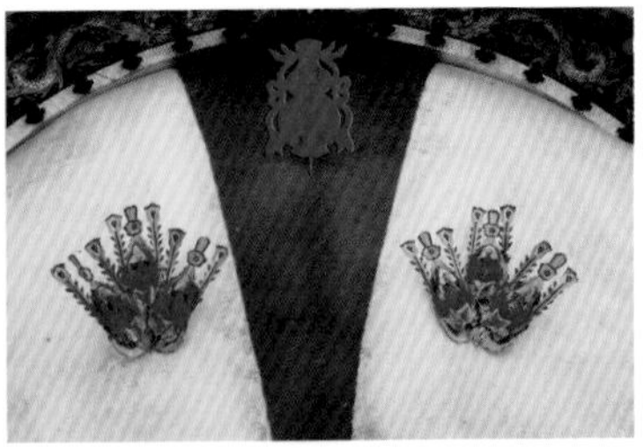

◆ 神豬頭上的一對大金花，分別由三支金花合插而成／謝宗榮攝

民間宮廟或民間信仰的人士，有些在逢天公生或中元普度時所敬獻的神豬，頭上會插著一對紙糊或金屬打造的裝飾物，使用於神豬頭上者，稱為「金花」。而一般婦女插在頭髮上的裝飾物，所使用的紅色纏花或紙花，則稱為「春仔花」。金花一對則有為神豬增添裝飾，或增加華麗感，顯現人間以最美好的事物，誠心敬獻給神明之意，讓神明看見人間的誠意，賜福予人間百姓。

「金花」類似春仔花，但使用於春節插在天公爐和拜天公時插在神豬頭上的一對紙製金花，稱為「金花」。南部的紙製金花有紅色和金色紙片剪摺成花狀，可三朵連貼在一支竹片上；北部的金花有的製作較精巧，上面還會加一小人兒，有塑膠模具的膚色人頭，身穿綠色、金色襯配的服飾，旁邊再綴以紅色羽毛，以及金紅紙片的不規則花樣，造型較繁複，比單純的金花更為吸引人的目光[23]。

一般會將神豬和神羊先敬獻給天公，那時神豬狀態是生而全的，又如有逢中元普度或醮典普度時，則再轉向施給孤魂滯魄（好兄弟們）享用，此時也為了區別拜天公和拜孤魂好兄弟的敬品有別，同時會在神豬頭上切下一刀，以示有破不全的差異，而敬獻給天公時的神豬則是生而全的。

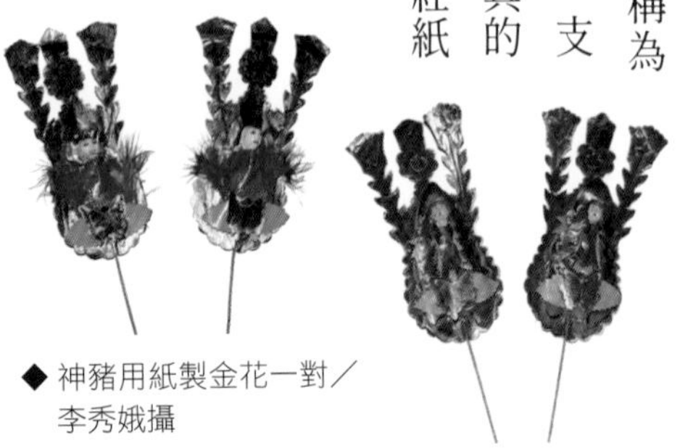

◆ 神豬用紙製金花一對／李秀娥攝

22．為何拜天公的神豬脖子上有一串鈔票花？有何意義？

有些地區民眾在拜天公或中元普度時，敬獻的神豬頭上除了插一對漂亮的金花外，還會在神豬的脖子上，掛上一圈鈔票花，那是將紅色的百鈔一張張折成花朵形狀，再用繩子編串起來，成一長圈，掛在所敬獻神豬的脖子上，此有直接以日常使用的鈔票裝飾神豬，同時期望帶來庇佑祭祀敬獻者，日後財運亨通、財源滾滾之意。

◆中元普度神豬脖子上掛一串鈔票花來裝飾，亦有祈求帶來財源滾滾之意／謝宗榮攝

所以一般從事生意買賣的人士，例如市場從業人員的敬獻者，會特別注重以鈔票花來裝飾神豬呢！這樣對日日從事生意往來的商家，更有直接祈求財運亨通的象徵性呢！

23．拜天公的神豬脖子上的「掛項錢」是什麼？有何意義？

有些地區在拜天公的神豬上，則會因為特別注重裝飾的華麗性與稀有珍貴，所以還會每逢祭典前便前往銀飾店，訂作一條做工講究的紅棉繩與仿清朝古代錢幣的銅錢、或是龍銀好幾十

23 江韶瑩、李俊濤、謝宗榮、李秀娥等撰稿，2009《臺灣民俗文物辭彙類編》，南投市：國史館臺灣文獻館，頁359-360。

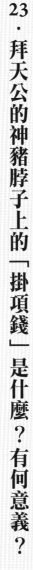

枚，一同編織起來的美麗編織物，掛在所敬獻的神豬脖子上，此則稱為「掛項錢」，例如：淡水八庄大道公在每逢慶典時，輪值敬奉神豬的敬獻者，就會特別張羅這條編織華麗的紅色掛項錢呢！這種華麗的掛項錢在祭典中也會特別引人注目，落實了敬獻前華麗裝飾神豬，再獻給天公（或三界公）、大道公（保生大帝）等神明，當地會將神豬一一運送到該年的祭拜地點，並在拜天公前陳列好，讓道教法師結合拜天公和天廚正供的儀式一起進行[24]，之後則是分福肉，將神豬剖切開來，分小塊送給參與祭拜的敬獻者，一同共享神恩賜予平安。

有的地方建醮拜天公時，則會在神豬脖子上掛著一大圈掛項錢，全部由仿清代的五帝錢和紅繩所編造而成，下方垂著由許多五帝錢串編而成的巨大銅鎖片，甚至銅鎖片中間上方還有一大大的銅鑄「福」字，非常貴氣與隆重呢！這也是民間人士在祭拜天公時，極盡巧思，不惜鉅

1
2
3 4

1. 新埔褒忠義民祭神豬身披華麗的掛項錢／謝宗榮攝
2. 神豬身披華麗的掛項錢，由錢幣和紅棉繩珠串共同編織而成／李秀娥攝
3. 林口竹林山寺巡迴媽過頭，神豬上的掛項錢由貫錢串成／謝宗榮攝
4. 新埔褒忠義民祭華麗的神豬棚／謝宗榮攝

資，希望把人間最美好的祭品以華麗貴氣的裝飾妝點後，敬獻給最尊貴的神祇，用以表達隆盛的虔誠敬意。

24．拜天公的神豬為何背上要插一把刀，甚至講究者還會披上一塊紅布後再插一把刀？

民間信仰中對於拜天公時所敬獻的神豬，基本上背上幾乎都會插上一把傳統的殺豬刀或是菜刀，這表示該神豬是用這把刀所宰殺的新鮮黑毛神豬，而且當拜完天公並要轉向當普度祭品時，也要用這把刀於頭部橫切一道，表示有破不全，可以用來拜較低階的孤魂滯魄（好兄弟）了。這也是民間祭拜習俗中，將祭拜天公（或三界公）等神祇之強調牲禮（神豬）的生與全，與同一批神豬轉向敬獻孤魂滯魄的區別，這也是符合傳統祭祀禮儀的法則。

24 感謝謝宗榮老師提醒在淡水八庄大道公的祭典中，道教法師會將拜天公與天廚正供兩儀式結合進行。

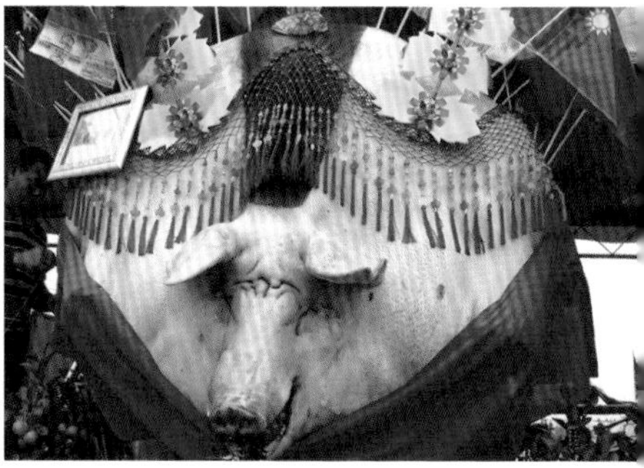

1234
1. 淡水八庄大道公得特等獎的神豬，脖子掛著掛項錢／謝宗榮攝
2. 淡水八庄大道公得二等獎神豬，身上掛著華麗的掛項錢／謝宗榮攝
3. 淡水八庄大道公神豬頸掛由厭勝錢編織而成的福慶（磬）掛項錢／李秀娥攝
4. 淡水八庄大道公得二等獎神豬，身上插有一對金花和掛項錢／李秀娥攝

拜天公的神豬除了背上要插一把菜刀之外，有些講究的人家，還會準備在神豬背上先披上一塊四方紅布，布上四個角落再縫上一個仿古清代銅幣，除了有裝飾作用外，也有增加布的垂重作用，讓布不會隨風亂飄，銅錢則有辟邪與帶來財運財氣、增添財富之意。紅布上再插著一把菜刀，這紅布一來有辟邪之意，二來也有增添祭祀吉慶的喜慶意味。

祭祀之後，則會由專業的屠豬師傅當場以屠刀剖開神豬，細切成小塊狀，並由旁人幫忙裝袋，一一分福肉，分享給有參與祭祀活動的捐獻者、爐主頭家等，大家也可以帶回去給家人料理，據說吃了這種祭祀過的福肉，象徵著被神明特別賜福，能帶來平安康泰之意。

1. 北投鎮安宮圓醮敬獻黑毛神豬，頭部插有一支豬公箭和一把豬刀／李秀娥攝
2. 台北府城隍慶讚中元神豬，身披紅布四角縫錢幣，項上也披貫錢串成的掛項錢／謝宗榮攝

25．拜天公時為何敬獻的神豬頭上要帶一撮黑毛？為何有的黑毛神豬還被雕著美麗的圖案呢？

在台灣的傳統信仰中，民間習俗拜天公（或三界公）時所敬獻的神豬，強調要用台灣在地傳統的黑毛豬，據說這種黑毛豬肉質鮮美，口感極佳，所以用來敬獻尊貴的天公或三界公，也意味了在傳統社會中的人們表達出必將很美好的黑毛神豬敬獻尊貴天神的敬意。

也因為在古代農業社會中，生活較不富庶，人們平常不容易吃到肉類或魚類，只有等到重要年節或逢歲時節慶的祭拜時，才有豐盛的牲禮祭品可以享用，因此敬獻的犧牲牲禮，如神豬、神羊等，更倍受矚目。而傳統敬獻的神豬當然也是採用味美的黑毛豬為佳，所以為強調神豬是純正的黑毛豬，在宰殺過程中刮除大部分豬毛後，為避免魚目混珠的欺矇行為，會更加強調神豬頭頸背上，必須留下一撮黑毛以示純正黑毛豬的標誌。

◆ 新埔褒忠義民祭敬獻的二等獎黑毛神豬，雕花與裝飾非常華麗／謝宗榮攝

有些地方敬獻神豬時，強調賽豬公，讓民眾安排飼養大神豬，在祭典時再以神豬彩棚車來裝置，展現方式非常華麗，甚至還會有噴香水的彩棚車，有的車上還會懸掛神豬的生前遺照、這回競賽得獎後，親友所贈送參賽主人的各種金牌牌匾等。

神豬頭上也會被插上一對金花，部分講究者還會請金飾店特別打造一對非常漂亮的鳳凰金花，敬獻者竭盡全力的裝飾神豬，所以有些會留下神豬背上比較多的黑毛毛體，並請專業人士特別在黑毛處雕花，為敬獻的神豬增添了許多美感，也往往吸引許多民眾扶老攜幼前來參觀與拍照，讓人津津樂道。

最後甚至會讓民眾紛紛伸手競相拔取特等獎的黑豬毛，此有沾取此神豬的好運道與好福氣，為來年討個好彩頭之意，這也是民間敬獻賽神豬時的特殊習俗，頗受民眾喜愛。

只是近數十年來，保育觀念一直在提升，許多動保團體人士會不斷抗議為了養大神豬而強迫灌食的不人道作法，忽略傳統信仰的民間觀念是努力將大而美的神豬敬獻給尊貴的神祇，用來表達人們的最大誠心。此也影響了後來有些人士開始採用佛教人士所強調的慈悲不殺生觀念，而逐漸改用麵線或是麵塑、沙其瑪，或具創意性象徵的神豬、神羊等祭品，來替代真正肉類犧牲的祭品了。

26．拜天公時為何敬獻的雞必須是公的，更慎重者，其尾端還會留有一撮公雞毛？

民間習俗中傳統的拜天公方式，在敬獻的牲禮上，慎重行事者會強調要敬備五牲，而五牲中的雞，必須是公雞，絕不能用母雞。因為雞有五德，且公雞在陰陽五行中，屬陽性，很適合用來敬神。漢代劉向《新序．雜事第五．鴻鵠與雞》曰：「君獨不見雞乎？頭戴冠者，文也；足付距者，武也；敵在前敢鬥，勇也；見食相呼，仁也；守夜不失時，信也。」[25]所以雞具有文、武、勇、仁、信等五項美德，頗受文人激賞。

在原始創生神話中，最早誕生的雞，在我國陰陽二元宇宙觀中，被視為具有「陽性」屬性。而雄雞會在一天清晨見到陽光時啼叫，象徵著知曉陽氣初始，而民間傳說中，夜間出來活動作祟的鬼，一聽到雄雞報曉，便會遁形離去，所以「雄雞啼鳴」具有鎮壓邪祟的象徵意義。又道教科儀中，凡為神明開光點眼、勅符之需，皆需取白色公雞之雞冠血，意即公雞之「陽血」具有無窮的威力，可驅除邪祟，達到辟邪平安的作用。

也因為公雞具有上述的屬性，在祭典中非常重要，所以作為三牲或五牲的基本牲禮之一，為了證明民眾敬獻的是真正的公雞，所以強調祭拜時，生而全的牲禮公雞在拔去大部分的雞毛後，尾巴的那撮公雞毛便必須留下幾根，作為敬獻的是純正雄雞的證明，大眾一瞧便毋庸置疑，這也是民間信仰在祭祀習俗中所累積避免無謂爭議的作法與聰明智慧。

27．你知道拜天公時，更慎重者要準備一對神豬與神羊嗎？

在台灣的傳統信仰中，民間習俗拜天公（或三界公）時常會敬獻神豬與神羊，基本上是一對即可。場面盛大者，諸如在民間宮廟所舉行的三獻醮或平安醮等大型法會，或是每年的慶讚中元普度法會，則可以敬獻好幾對神豬和神羊，以神豬、神羊這兩樣祭品作為敬獻犧牲的代表，即符合古代禮制中「少牢」的祭禮原則。

而且在台灣非常重視以神豬神羊來敬拜天公或三界公等，隆重者由村莊角頭輪值飼養與負責敬獻，所以民眾非常盛行「賽豬公」的活動，其實有的地方甚至會賽神豬、賽神羊。諸如：新竹新埔褒忠義民祠每年的中元祭典，常見場面壯觀的賽神豬、賽神羊，民間以極其華麗的彩棚車來裝飾神豬和神羊，用來敬神，往

◆ 南投三玄宮醮典拜天公時敬獻的一對神豬與神羊／李秀娥攝

◆ 新埔褒忠義民祭敬獻的特等獎神羊／謝宗榮攝

25 孫建君主編，2001，《中國民俗藝術圖說——祥禽瑞獸》，天津：天津人民出版社，頁165。

往吸引各地民眾湧入廟前廣場，駐足圍觀，品頭論足。直到午間又運回輪值祭祀的庄頭廣場，參與當地的普度，一來施給孤魂滯魄的好兄弟，二來也有供當地民眾觀賞之意，等祭拜後又將神豬神羊的福肉分享給重要的爐主頭家等頭人，帶回家吃平安。所以每逢賽神豬神羊的祭典時，往往吸引無數群眾競相圍觀，人群踴躍而至，帶給民眾許多視覺饗宴和樂趣。

◆ 新埔褒忠義民祭敬獻的特等獎神羊，裝飾帥氣有趣／謝宗榮攝

28．你知道拜天公時，若不想殺生太多，也可以敬備麵豬和麵羊嗎？

原本民間宮廟在拜天公時，往往會敬獻至少一對的神豬與神羊，而且地方輪值祭祀的傳統，會相互競賽所飼養的神豬重量與大小，隆重者會裝飾神豬和神羊的彩棚車來敬神或普度，也供民眾觀賞，每逢賽神豬神羊時往往吸引無數群眾競相圍觀。

只是近數十年來，保育觀念一直在提升，後來有些人士為了避免爭議，或是也逐漸接受佛教人士所強調的慈悲不殺生的觀念，而趨向

◆ 結婚拜天公敬獻可愛的素麵豬和麵羊／李秀娥攝

◆ 北投鎮安宮圓醮敬獻的素麵線神豬，也頭插金花披上華麗的掛項錢／李秀娥攝

改用素食的祭品替代，如麵線，或是麵塑、紅片糕、沙其瑪之神豬、神羊等等來替代真正肉類的祭品了。

在祭典期間甚至會推出創意神豬神羊的口號，鼓勵民眾在敬獻神豬神羊時，發揮自家的創意與巧思，來裝飾與敬獻所謂的素食神豬與神羊。這樣也具有形似與禮義兼顧的作用，以慈悲心的創意與祭品來替代有爭議性的虐待動物之嫌，這也不失為一項可行的變通方式。

◆ 鹿港街拜天公敬獻的素紅麵線神羊／謝宗榮攝

◆ 淡水八庄大道公敬獻的有趣創意神豬／李秀娥攝

◆ 淡水八庄大道公敬獻的可愛創意神豬，由許多餅乾糖果黏貼而成／李秀娥攝

元宵節

29．元宵節時，人們為何習慣躦燈棚？花燈的燈有何重要意義？

傳說元宵節起源於漢代宮廷於陰曆正月十五日夜時京城解除宵禁，通宵達旦燈火輝煌的祭祀「太一」（泰一、太乙）天帝神的古俗而來。據「藝文類聚」載：「史記曰：漢家以正月望日祭太乙，從昏祀列明。今夜遊觀燈，是其遺跡。」唐玄宗時，元宵節，敕許金吾弛宵禁，開放燈會，以供民眾觀賞，唐蘇味道曾有詩云：「火樹銀花合，星擠鐵鎖開。暗塵隨馬去，明月逐人來。遊騎皆穠李，行歌盡落梅。金吾不惜夜，玉漏莫相催。」[26]可知唐代元宵時節京城金吾不禁，官民盛行通宵達旦遊賞花燈的民俗節慶。

元宵節時除了「乞丁龜」與祈子習俗有關外，又因為元宵節持燈賞燈的「燈」字，在閩南語中與象徵男嗣的「丁」字諧音，「求燈」即「求丁」，並有「躦燈腳，生卵葩」或寫成「鑽燈跤，生羼葩。Nng3/Nui3 ting1-kha1, sinn1/senn1 lan7-pha1.」的俗諺[27]。如台北市萬華龍山寺多年設有平安總燈，讓信眾躦到燈下許願祈福，而新北市新莊慈祐宮也曾推出元宵不同主題的主燈，讓婦女、信眾可以躦燈腳來祈子或求財求平安。

由於漢民族相當重視父系宗族與子嗣的傳承，故演變成相當重視與吉利諧音的吉祥象徵。所以已婚婦女往往於元宵時相偕到各廟宇，祈求日後添丁，故元宵節時「賞燈」、「躦燈腳」或

26 阮昌銳，1991，《歲時與神誕》，台北：臺灣省立博物館，頁71。
27 感謝友人許嘉勇熱心提供下列台語拼音法：「鑽燈跤，生羼葩。Nng3/Nui3 ting1-kha1, sinn1/senn1 lan7-pha1.」

1 2 3　1. 傳統習俗已婚婦女有盛行元宵節鑽燈腳祈子之俗／謝宗榮攝
2. 萬華龍山寺觀音菩薩花燈，吳登興製作／謝宗榮攝
3. 2018年新北市燈會五福臨門花燈／李秀娥攝

「乞燈」等祈求子嗣的習俗，遍布國內各大小寺廟。

鹿港地區有的廟壇為配合鹿港民俗活動之推廣，鼓勵善男信女在元宵節時，前往廟宇所設置之臨時祭壇敬拜與鑽燈腳，如街尾的護安宮（主祀神為吳府千歲），信眾可向該宮的七夫人媽擲筊請示日後生男育女之運途，若求得生男者，廟方會為該信眾以紅燭點著再捻熄，與一只藍色或黃色的紙燈籠，交由信眾帶回家於廳堂點上，以敬告祖先此喜訊。

若是獲得生女之啟示者，廟方則直接將未燃過的紅燭一支與一只紅色紙燈籠，交給信眾帶回廳堂點上。該廟以燈籠的顏色區別祈求生男（黃、藍色）、生女（紅色）的象徵，就像民間盛行以花色來區別祈求生男（白花）、生女（紅花）的作法。此乃基於漢人陰陽五行的宇宙觀，蘊藏著對自然法則的觀察，即男精為白為陽，女血為紅為陰有關。鹿港地區每逢元宵節，許多廟都會提供不同花色的紙燈籠，供民眾卜杯祈求日後生男育女的徵兆呢！

30．昔日元宵節時，會有上香後「聽香」的習俗，你知道「聽香」是什麼嗎？

元宵節時傳統民俗會有「聽香」的習俗，所謂「聽香」就是先在神前燒香祭拜，再根據「擲筊」找一個好方向，然後拿起一個筊往這個方向走，途中或竊聽路人的談話，或佇立他家門前裝作無人而偷聽人家的談話。偷聽來的第一句話，要根據神前的擲筊加以判斷，以決定這一年的吉凶和運氣等。假如所聽來的是死人、病痛、破財等話，即認為大不吉，而視為忌諱。因為這一夜是很好的日子，幾乎沒有會開口說這類不好聽壞話的人[28]。

◆元宵有聽香之俗，出門聽香前先向神明上香稟告所欲瞭解的問題／李秀娥攝

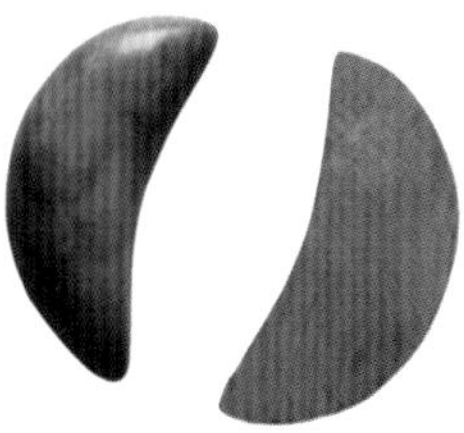

◆元宵時帶筊杯出門聽香，聽到的第一句話再卜筊確認是否為神明的指引／李秀娥攝

所以傳統社會裡民眾會在元宵節，特別是夜晚出門聽香，卜筊經請示神明指引的方向，順著指示前行，再由出門後所聽到的人家所講出的第一句話，來判斷這就是神明所給予的求問問題的提示。有些未婚婦女想求將來有好姻緣的，也會利用聽香來請求神明給予吉兆指引，這也是古代社會中所展現的民俗趣味。

28 鈴木清一郎原著，高賢治、馮作民編譯，1984 [1934]，《台灣舊慣習俗信仰》，台北：眾文圖書公司。頁 321-322。

31．昔日元宵節時，為何有未婚女子到菜園偷摘蔥或偷摘蔬菜，未婚男子到菜園跳菜股的民間習俗呢？

有關元宵「祈子」的習俗，除了祈花燈、躦燈腳隱喻求丁之外，傳統社會有些已婚婦女會去偷鄰人的「竹籬」，台語諧音可「得兒」，這也是祈子的方式之一。而未婚的女子則盛行於夜間到人家菜園裡「偷蔥」的，以寓「偷挽（得）蔥，嫁好尪；偷挽（得）菜，嫁好婿」的吉兆，這都有押韻的諧音趣味。其實，女子偷拔菜之後，並不會帶走，而是留在菜園裡，所以也不是真正的偷菜行為，意在藉由台語諧音的民俗趣味，展現想追求一段美好姻緣願望的行動力。

至於未婚男子，則被鼓勵到人家菜園裡跳菜股，台語諧音是「跳菜股，娶好某。」這種吉利的諧音趣味也讓傳統社會的未婚男女，增加了期望將來可以有一段美好姻緣的吉兆，所以讓未婚男女做這種看似偷竊蔥或蔬菜的事，可能得以巧合的讓有緣的未婚男女在人家的菜園裡相會呢！增加他們彼此見面的機會，說不定就能促成一段美好的姻緣，不失為傳統社會裡促進未婚男女意外巧遇的機緣呢！

◆元宵夜未婚婦女有到人家菜園偷菜，符合「偷挽蔥，嫁好尪；偷挽菜，嫁好婿」的吉兆／李秀娥攝

頭牙

32．春祈秋報與土地公的生日有關係嗎？頭牙是指什麼日子？

春祈秋報，源於遠古時期以來春秋兩季的社祭。春社以祈豐收，秋社以報神功。《詩經．周頌譜》：「既謀事求助，致敬民神，春祈秋報，故次載芟、良耜也。」[29]歷來民間春祈秋報的思想與活動，就真實體現在傳統社會信仰中，每逢陰曆的二月初二和八月十五日，是福德正神（土地公）兩個重要的神誕千秋日，民眾非常重視這兩個節日的祭祀活動，常會聘請道長或法師為土地公祝壽，並聘來戲班演戲酬神。

習俗上每月的陰曆初二、十六皆是「作牙」、也是祭拜土地公的日子，而二月初二稱為「頭牙」，十二月十六則稱為「尾牙」，也有地方習俗是以正月初二為頭牙的，因為正月初二有被視為仍是新春過年期間，所以不算頭牙。一般民家是每月的陰曆初一、十五祭拜土地公或拜門口或犒軍（犒將）；一般生意人是陰曆的每月初二、十六在祭拜，而市場的生意人則是每月初三和十七在祭拜。

一般「作牙」要「打牙祭」，據《辭海》記載牙祭：「①衙祭也。黃廷玉《拾慧錄》引《匯東手談》，載葉石林謂節度使藏節之節堂，每於塑望之次日祭之，號曰牙祭日。②祭餘饗客也。」[30]

相傳「牙」是古時買賣賺取佣金的仲介人（或管理人），稱為「牙郎」或「互郎」。古代買賣不用貨幣，以物易物，這種「物物交易」必須有人管理，也就是互郎，該交易是「集市式」的，一般都定在朔望日，就是初一（初二）、十五（十六）這兩天。在約定日，大家都會把東西送到集市地點相互交換，即成為「互市」。「互市」之前，商人都要先拜福神（土地公）祈求大發利市，然後招待工作人員和顧客，一方面慰勞工作人員，另一方面感謝顧客的照顧。這種習俗就是「互祭」，唐代時，「互」字改成「牙」字，所以稱為「牙祭」[31]。因此，台灣民間習俗也盛行每月陰曆初二、十六作牙祭拜，頭牙、尾牙日皆會宴請員工或賓客。

有句俗語說：「頭牙沒作，尾牙空；尾牙若擱再沒作，就不親像人。」意思是說做生意的人，若沒作頭牙，到了年尾的尾牙，錢財就會空空如也，土地財神便不會特別庇佑；到了尾牙再不祭祀感恩的話，簡直就不像人，這句話是奉勸民眾應該注意頭牙和尾牙的祭拜，神明才會庇佑財富興旺、財源滾滾，所以台灣地區的民間百姓也都非常重視對土地公陰曆初一、十五或初二、十六作牙的祭祀活動。

土地公又稱「后土」，民間崇奉土地公應與古代社稷神的祭祀相關，人們依賴土地作為居住所在，以及由土地所滋長的穀物維生，因此與古代「社」的形成及祭祀活動有密切關係。人們為了感謝土地神賜予農作的豐收，擴及到日常事業生意的興隆，故而被視為財神的土地公（福德正神），也成為民眾每月兩回頻繁祭祀祈福的重要對象。

◆土地公為春祈秋報的地方守護神，圖為玻璃彩繪的福德正神／謝宗榮攝

29 參考自教育百科網站，《教育部重編國語辭典修訂本》「春祈秋報」條。
30 引自熊鈍生主編，1980，《辭海》，台北：台灣中華書局，頁2905。
31 阮昌銳，1991，《歲時與神誕》，台北：臺灣省立博物館，頁303。

由於中秋時，正逢古代民間重要社祭「春祈秋報」祀社公之時，所以陰曆八月十五日中秋，除了是太陰娘娘的聖誕日外，也是土地公的聖誕日，故須祭拜土地公，以感謝福德正神土地公長年庇佑農作豐收，居民會敬備牲禮、水果（特別是柚子）、月餅到福德祠上香或是在家敬奉土地公。此外，有些地方傳說土地公喜歡吃麻糬，所以有些民眾會特地準備麻糬來祭拜。

傳統習俗中，從事農作者，一般會在中秋節時於稻田或農田的一隅安設「土地公拐」，即在竹枝頂端剖開處，塞著土地公金（福金或四方金）或刈金夾著三炷香，並備簡單的果品敬拜土地公，請祂老人家代為看顧農田，以期該年的農作豐收。然而時代變遷，多數從事農作的居民已不再保有此一習俗，所幸台灣仍有傳統地區的農民持續維繫此一純樸的風俗。

清明節

33．清明時節人們進行掃墓活動，你知道「掃墓」與「培墓」是不同的嗎？

一般清明節時，民眾盛行掃墓之俗，但嚴格來說，民間分別有「掃墓」與「培墓」不同的說法。清明一到，一家大小攜帶各種相關祭品前往掃墓，先將墳上累生的雜草以鋤頭或鐮刀拔除，或另外栽植桂花、松樹等，並檢查墳塚是否有崩塌處再填以新土，待墳墓區收拾妥當，便執行「掛紙」或稱「壓墓紙」的儀式，象徵蓋厝瓦，以示該墳塚有後代子孫在祭祀。

至於新墳，清明時需豐盛祭品的祭拜，稱為「培墓」；祭拜舊墳時，才稱為「掃墓」，新墳是以新亡或撿骨後未滿三年者稱之，也有人是以一年計。祭拜時，得先祭后土再拜祖先，祭后土時得準備豐盛牲禮（三牲或五牲）、蠟燭一對等；若是新墳，則必須供五牲、湯圓以及鼠麴粿或草仔粿、紅龜粿、丁仔粿、六道或十二道飯菜，祭拜后土需用「乾茶」（杯中只放茶

1
2
3

1. 南投市民眾清明培墓，以豐盛供品祀后土／謝宗榮攝
2. 南投市民眾清明培墓，以豐盛供品祀祖墳／謝宗榮攝
3. 彰化花壇鄉民家中年內添丁者，清明培墓需備子孫燈或稱培墓燈祀祖墳／謝宗榮攝

葉）。至於培墓祖墳，則準備兩束鮮花、一對蠟燭、牲禮或十二道飯菜和粿類（如紅龜粿、丁仔粿、鼠麴粿或草仔粿）。若是舊墳掃墓時，供品則較為簡約，隨人心意而定。

至於所供奉的金銀紙，則視新墳或舊墳而有不同，若是新墳，北部以福金（土地公金）、壽金拜后土，以壽金、銀紙（大小銀皆可）拜祖先，南部以九金、九銀敬奉祖先，中部則以蓮花金、四方金（福金）、足百壽金、銀紙敬奉祖先；至於舊墳，北部以壽金、刈金敬奉祖先，銀紙因為被視為零鈔，現在有的人則不用；南部人仍以九金、九銀敬拜祖先；中部則以足百壽金、四方金，有的也會準備蓮花銀和四方金來敬奉祖先。

培墓時欲收拾供品離開前，要將祭拜過的雞蛋、鴨蛋在墓碑上打破，再將蛋殼撒在墳上；也有將春乾（魷魚乾）剝下，撒在墳上，此舉有象徵祖先「脫殼」或「蟬蛻」的重生解脫之意，或有指新陳代謝的用意[32]。

32 李秀娥，2015，《圖解台灣民俗節慶》（圖解台灣07），台中市：晨星出版有限公司，頁128-130。

◆ 清明掃墓祀后土，供品不用像培墓那樣豐富／李秀娥攝

◆ 清明掃墓祀祖墳，供品不用像培墓那樣豐盛／李秀娥攝

34．你知道掃墓時，台灣的泉州後裔掛紙用「五色紙」，漳州後裔用「黃古紙」嗎？

掃墓時，一般墓紙有分黃色的「古仔紙」以及紅、黃、藍、綠、白的「五色紙」兩類，各地使用的習俗不同，漳州籍多用黃色古仔紙，泉州籍（含同安人）多用五色紙，對於墳塚本身局部置放壓墓紙（或稱掛紙）的總數，採奇數為主，另外再對后土神置放一處壓墓紙。置放壓墓紙時，希望有吉祥兆頭的人會在墳塚上掛紙處，以石塊、磚塊等壓住一、兩張（或一疊）古仔紙或五色紙，特別擺出一個「士」字，如墓碑、左右墓手、左右墓腰、墓中、墓後等七處，象徵「七星墜地，子孫出士」的吉兆，祈使家中能栽培出功成名就的子孫輩。

◆彰化花壇鄉清明掃墓，民眾用五色紙作壓墓紙／謝宗榮攝

◆清明掛紙泉州籍後裔採用五色紙作壓墓紙／謝宗榮攝

至於傳統客家人在掛紙時更為講究，會將一疊淋有雞血的黃色古仔紙，以鋤頭挖一塊綠色草皮壓在墳頭上，然後在墳地四周擺上十二張「銀紙」，有驅邪除煞的象徵作用；但現代客家人已漸漸失卻此一傳統，而是在墓碑和后土部分以草皮或石、磚等壓上一疊古仔紙，其餘則在墳上四處壓上一、二張古仔紙，象徵作為替祖墳蓋瓦厝之用[33]。

33 李秀娥，2015，《圖解台灣民俗節慶》（圖解台灣07），台中：晨星出版有限公司，頁129。

35．掃墓習俗有所謂的「挹墓粿」，而「挹墓粿」是什麼？以前小孩在墓地「挹墓粿」時，會唱著什麼相關的兒歌？

以前清明掃墓習俗中，尤其是新墳或撿骨的「培墓」時，常會敬備紅龜粿或鼠麴粿、草仔粿、丁仔粿來祭拜祖墳，也有將祭拜完的紅龜粿、鼠麴粿或草仔粿分給當地前來乞討的小孩吃的，稱為「挹墓粿」、「揖墓粿」或「乞墓粿」，此有祖德流芳之意，餽贈祭品給在墓地附近逗留的牧童或小孩，現在因生活富庶已罕見此俗。主要是有些人會擔心，倘若不將祭拜後的墓粿送給前來乞討的牧童或小孩吃的話，擔心這些牧童或小孩會不高興，而趁家屬不在時惡意破壞祖墳，故多不敢得罪他們，所以會將祭拜後的墓粿送給他們吃，也有安撫之意。

以往在農業時代，生活物資沒有那麼富庶，偏僻的墳地四周常有些放牛羊吃墳草的牧童在活動，而這些調皮的小孩有時候為了能夠吃到這些祭拜的食品，便會編造一些兒歌，對著那些不肯施捨祭祖供品的家屬，唱著：「挹墓粿，挹無，了家火，挹墓龜，挹無，死姊夫。」[34]

34 挹墓粿的兒歌，參見陳正之，2001，《台灣歲時記—二十四節氣與常民文化》，台中：行政院新聞局中部辦公室，頁63。

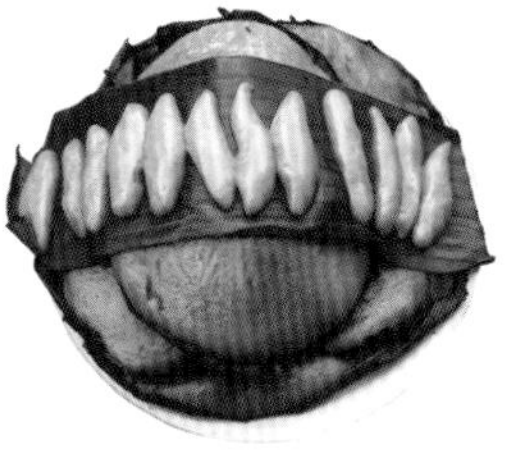

◆清明培墓用的丁仔粿和紅龜粿／謝宗榮攝

◆清明祭拜用的艾草粿，俗稱草仔粿／李秀娥攝

◆清明掃墓用的艾草粿，可以作為挹墓粿／李秀娥攝

這種兒歌內容帶有不好的詛咒之意，詛咒人家貧窮或是家裡會死了姊夫的，讓人聽了十分觸霉頭，心裡很不舒服。所以有些人家為了避免聽到這些牧童對他們唱著詛咒的兒歌，一般只好大方一點的施捨祭拜後的墓粿或銅錢，分送給那些前來乞討的牧童或小孩。

36．清明節時為何習慣吃潤餅（春捲）？這與寒食節有關嗎？

台灣的部分民眾有盛行於清明時節吃潤餅（春捲）的習俗，這其實是源於古代的寒食節，官方規定百姓要禁火禁炊吃冷食，後來傳說都是用以紀念介之推。其故事大致：「按介之推，亦作介子推，春秋時人，從晉文公出亡，凡十九年，曾割股以啖文公；及文公返國為君，介之推不肯報功求祿，晉文公竟然也沒有賞賜給他，乃與母隱於綿山（今山西省介休縣東南，又名介山），其後文公使人勸他出山，不肯；文公乃縱火焚山，以為可以把他逼出來，怎知他竟抱樹而死。文公非常痛悼，撫木哀嘆，遂伐木以為屐。常曰：悲乎足下！並下令國中是日禁火冷食。」從這個故事看來，介之推亡月是在仲冬，而通常認為寒食是在仲春清明之前，不是介之推亡月，而用介之推故事，豈不謬誤？周官司宣烜氏謂：「仲春以木鐸修火禁於國中。」是則寒食禁火，周制已然[35]。可見早在周代，官方就已經規定要禁火了，所以古代的寒

◆ 匙葉鼠麴草又稱鼠麴舅，民間有的也會替代真正的鼠麴草，用來製作鼠麴舅粿／謝宗榮攝

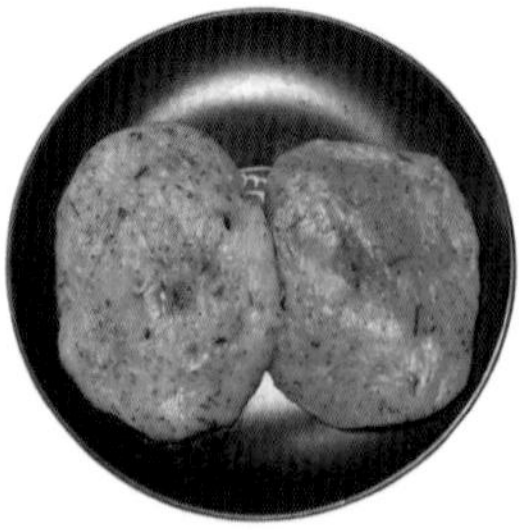

◆ 清明祭拜用的鼠麴粿，可以作為抺墓粿／李秀娥攝

食節要推說是紀念春秋時期的介之推，就有點勉強了。

禁火寒食之舉起初並無固定日期，並且也和介之推沒有什麼聯繫。從先秦的文獻記載可知，當時是有比較嚴格的用火管理制度。周禮有「司爟」之官，實際上就是管火的官，他的任務是「季春出火，民咸出之；季秋內（納）火，民亦如之。」有人據此而揭出了周代的火管理制度是季春出，季秋納，並指出這種火並非指室中炊火，而主要是指野外之火，禁火的目的是在乾燥的冬春季節防止失火，保護森林及其他資源財產[36]。意思是指古代國家會有專門的掌火官員，規定春天的最後一個月，民眾可以紛紛生火，而秋季的最後一個月，民眾則得遵守國家準則，禁止野外生火的禁火規定，這也是冬季到春季期間，天乾物燥，怕野外生火不慎，引起不必要的森林火災，釀成大禍，故而明令禁止之。

故此，原本古代流傳許久的舉國寒食節時之禁火與冷食，應該是與火的管理與規定有比較必然的關係。這種規定傳衍到台灣，有些地區的民眾依然養成習慣，而於接近寒食節的清明期間有吃冷食潤餅（春捲）的習俗，大約在清明節前一週已經開始有人在販售潤餅皮了，但有的地區則不盛行清明吃潤餅。應節的供品「潤餅」（春捲），以潤餅皮包豆芽菜、紅蘿蔔、筍絲、豆乾絲、肉絲、香菜，再裹上花生粉等，即成美味可口的春捲。

◆清明節時接近寒食節，有些地方民眾盛行吃冷食的潤餅（春捲）／謝宗榮攝

35 王世禎，2002[1981]，《中國節令習俗》，台北：星光出版社，頁90。

36 喬繼堂，1993，《中國歲時禮俗》（中國民俗采風5），台北市：百觀出版社，頁52。

37．民間俗信人死後有三魂，是哪三魂？往生後這三魂又到哪裡去了？

道教常說人身有三魂七魄，三魂七魄若不穩定，則人魂魄不安容易招惹邪氣產生疾病，甚至死亡。而中國早在春秋戰國時期起已有魂魄的觀念，直到魏晉時期才細分出三魂七魄。所謂三魂即指：胎光、爽靈和幽精，此見於宋代張君房選輯的道教類書《雲笈七籤．魂神．說魂魄》（卷之五十四）的記載：「夫人身有三魂：一名胎光，太清陽和之氣也。一名爽靈，陰氣之變也。一名幽精，陰氣之雜也。若陰氣制陽，則人心不清淨，陰雜之氣，則人心昏暗。」[37]

此段大意是說人的身上擁有三魂：胎光、爽靈和幽精。胎光屬於太清陽和之氣，令人清淨寡欲可得長生之性；而爽靈、幽精則屬凡俗的慾望變化與妄想雜念等陰氣之性。倘若身中陰氣勝過陽氣，則表慾望過盛，令自心不夠澄淨，而陰雜之氣太盛，會使人心受到諸多慾望雜念的牽絆，導致自性昏沉晦暗，違離清修之境。所以在傳統道教的觀念中，身魂中所具的陽氣屬性會上揚，對人性的修練是屬於良好的境界，身魂中所具的陰氣屬性會下沉，對人性的修練則屬不好的境界。

又《雲笈七籤．魂神．說魂魄》（卷之五十四）也記載著：「三魂者：第一魂胎光，屬之於天，常欲得人清淨，欲與生人延益壽，筭絕穢亂之想，久居人其中，則生道備矣；第二魂爽靈，屬之於五行，常欲人機謀萬物，搖役百神，多生禍福災衰刑害之事；第三魂幽精，屬之於地，常欲人好色嗜慾，穢亂昏暗，耽著睡眠。」[38]所以胎光屬天，有助於人的清靜修練與延壽長生之道；爽靈屬五行，會使人貪圖萬物，想要駕馭身中或外界所擁有的眾神，因此常會生出禍害災殃與刑獄之事；而幽精屬地，使人喜好色欲生出淫亂之事。所以人要常常守住三魂的形神修練，勿使其產生禍害不利之事。

所謂七魄，在《雲笈七籤．魂神．制七魄法》（卷之五十四）指出：「其第一魄名尸狗，其第二魄名伏矢，其第三魄名雀陰，其第四魄名吞賊，其第五魄名非毒，其第六魄名除穢，其第七魄名臭肺，此皆七魄之名也，身中之濁鬼也。」[39]在傳統觀念中，三魂七魄中的魂屬陽，魄屬陰，所以人在生命結束後，魂歸於天，魄藏於地。

民間信仰中深信，人死亡後的三魂，一條歸神主牌，一條歸墓地，一條則歸地獄接受審判或是去投胎，相信人死後有閻王地獄審判之說，此種俗信對大眾的影響非常深遠。

38．人們掃墓時，祖先真的在場嗎？他們會享用祭品嗎？

由於在台灣的傳統社會中，民間深信人在死亡後雖然化為塵土，但卻認為死亡後的三魂，一條魂歸神主牌，接受家庭中每年重要年節的祭祖祭拜，也會在家庭或祠堂庇佑著子子孫孫。

37 宋代張君房選輯，文山遯叟蕭天石主編，1979，《雲笈七籤》（四部叢刊．正編），台北：臺灣商務印書館，頁108。感謝友人張超然提供此段引文的修正與補充，以及提供魂魄觀始自春秋戰國，三魂七魄細分始自魏晉。

38 張君房選輯，文山遯叟蕭天石主編，1979，《雲笈七籤》（四部叢刊．正編），台北：臺灣商務印書館，頁560～561。也見馬昌儀，1999，《中國靈魂信仰》，台北：雲龍出版社，頁203～204。

39 張君房選輯，文山遯叟蕭天石主編，1979，《雲笈七籤》（四部叢刊．正編），台北：臺灣商務印書館，頁563。

另一條魂則歸於墓地，也就是留在家屬為已逝者親人所尋訪安置的墓地或納骨塔內，所以每逢家人於清明前後掃墓或培墓，已逝者都可以享用到子孫或親人對他（她）的思念與祭拜之意。最後一條魂，則歸於陰間地獄，接受十殿閻王的審判，或是生前屬善人、賢人者，則會較早被安排昇天修行去或另隨因緣投胎了。一般民間相信人死後有閻王地獄審判之說，此種俗信對大眾的影響非常深遠，加之在儒釋道三教的相互影響下，死後生命的輪迴觀也很普及。

既然往生者埋葬後，其中一魂會留在墓地或納骨塔中，所以家屬或親人每年於清明掃墓或納骨塔的清明法會祭拜期，或是於中元節前後佛教會舉辦「盂蘭盆會」、道教會舉辦「慶讚中元普度法會」等，皆會延聘僧尼、道長執行經懺，為亡者和家屬迴向累積功德，消災植福。

常有民眾心中不免懷疑，當我們這樣掃墓或祭拜時，祖先究竟有沒有在現場、是否享用得到我們敬獻的祭品？若依照上述傳統的信仰習俗來說，人在死亡後的三魂裡，其中一魂就會留在墓地或納骨塔內，所以家屬或親友前往祭拜，已逝者是會有所感知的。

若以筆者親身體驗而言，身為長期茹素達三十餘年且敏感體質者，便時常在家庭祭祖日上香時、每年的掃墓時，或是正為祭拜前準備素食的便菜飯要放上供桌時，就會感受到祖先磁場已蒞臨現場。因為筆者會突然感覺到額頭開始有一點點暈沉，這種感覺瞬間就會過去了。他們只是讓筆者感應到，他們已在場，就不會再讓筆者不舒服了。

因為筆者的親身經驗是有感受到祖先身處祭拜現場，所以我們向來很誠心的敬拜，而不敢心中多嫌為了祭祖或掃墓要準備許多供品太麻煩，而想偷懶或隨隨便便拜。所以當我們掃墓時誠心敬上祀祖墳的供品，祖先也會明瞭子孫的一片心意，而開心笑納並庇佑子孫福佑平安。至於不瞭解的人，加上又不具備敏感體質，可能因為見不到、感受不到，所以難免心中懷疑，但是對於我們這種敏感的修行體質者而言，就能瞭解古代先輩流傳下來的敬天法祖思想，確實有其道理的。

39．沒帶供品前往掃墓，只用空手拜祖墳可以嗎？

傳統社會信仰中認定往生者埋葬後，三魂中的其中一魂，會留在墓地或納骨塔中，所以當家屬或親人每年於清明掃墓或納骨塔的清明法會祭拜期，或是臨中元節前後，佛教舉辦「盂蘭盆會」，道教舉辦「慶讚中元普度法會」等，皆會延聘僧尼、道長執行經懺，為亡者和家屬迴向累積功德，消災植福。

既然祖先會有一魂留在墳地或納骨塔中，接受親友的祭拜與追思，當親人或子孫於掃墓時節前往祭拜親人墳地時，不想帶任何供品前往，而僅用空手合掌致意，這樣可以嗎？有些民眾可能嫌準備一大堆祭拜供品實在太麻煩了，所以就習慣空手前往祭拜。

這樣當然對祭拜者家屬而言省錢、省事又省力，但是對於被祭拜者的祖先而言，就顯得子孫誠意不足。可能祖先以前都有留下遺產給家屬享用迄今，倘若後世子孫不想為祖先耗費太多祭拜的錢與心力，對於處在靈界的祖先而言，可能也會因此而不悅於子孫的自私現實，不懂孝道的真正涵意，只想輕鬆自在的過他們現在的生活，美其名說這麼做比較不迷信、又省事，如此對祖先就比較欠缺感懷的心意了。

再加上，其實掃墓後的祭品，其中有形的部分，祖先也沒有取走，幾乎祭品也都是家屬原封不動的帶回家，給自己的家人享用。除非是共掃家族墓，可能就順便在墓地找空地享用午餐，家族團聚，一起聯絡感情，才會把上午掃墓祭祖的部分供品取來享用。

至於空手祭拜掃墓，某種程度就相當接近於現代化的網路祭拜，但是原本網路祭拜是為了提供給遠在異國或他鄉，無法親臨現場者，又想表達對親人的追思之意的，由此應運而生的時代產物，藉助於科技的發達幫助了這樣的一群人，讓他們精神上可以獲得一種安心與安慰感。

至於可以親臨現場祭拜者，倘若是經濟上實在不富裕，無法準備豐盛祭品者，這尚情有可原，至少他們已經願意親自前往墳地追思親人。但是倘若經濟上做得到，實際上財力也沒有問題，只是以不迷信、偷懶的心態，吝於為祖先花費支出，不想為祭祀祖墳準備供品的，這樣就比較不可取了。

40．清明節時，民家也習慣敬拜祖先，當我們祭祖時，祖先真的有在場嗎？

清明時節人們常要返鄉掃墓，祭拜祖墳，而神明廳除了供奉神明外，倘若還有供奉祖先牌位者，通常也要在一年內的幾大重要節日，舉行祭祖的祭拜活動，所以清明節期間，民家都會在家裡祭祖，敬備許多豐盛的便菜飯宴請歷代祖先（歷代公媽）前來享用，接受後世子孫的追思之意，這也是國人慎終追遠思想的體現。

◆清明節時民家盛行祭祖，備便菜飯宴請祖先享用／李秀娥攝

往往人們煞費苦心張羅祭祖的豐盛供品，心中也不免懷疑著，經過許多歲月後，祖先是否

◆ 清明節時民家祭祖／李秀娥攝

真的有蒞臨祭祖現場？祖先是否能夠享用子孫的祭祖供品？若以筆者長期茹素且身為敏感體質的親身經驗而言，每當要祭祖的是日早上，只要預先起床擦著神桌和祖先牌位時，約莫早晨8～9點，祖先牌位上會給筆者一種磁場感應，頭可能會突然微微暈眩，這時心中直覺聯想到祖先已在場等待，因為筆者夫婦習慣約上午11：15開始上香祭拜祖先。每逢祭祖之日，這種磁場感應的情形就時常發生。

有時候是持香並正要上香祭祖時，筆者也會馬上感受到頭有一點微暈，持續時間很短暫，但是當時心中馬上明瞭，並且暗喜，因為祖先真的很靈，才一上香，就馬上讓筆者感應他們在場，接受我們供奉的素食便菜飯。

而且倘若不確定祖先是否有降臨者，都可以在祭祖上香一會兒後，便卜筶請示祖先是否已降臨？通常都可獲得聖杯，表示祖先已降臨。倘若尚卜不到聖杯，就再呼請一下遠遊的祖先趕快回來享用祭祖的供品，稍等一下再卜筶，通常也可卜到聖杯。

等祖先享用一陣子後，有供葷食的家庭則敬酒三巡，當酒過三巡後，再卜筶請示是否歡喜納受，可以化財（焚燒紙錢）了？當獲得聖杯指示時，就可以圓滿化財了。所以若非敏感體質者，用卜筶請示的方式，也可以得知祖先是否降臨於祭祖現場了。

41．祭祖時，我們焚燒紙錢，祖先能夠收得到嗎？

如前則所述，既然祖先往往有降臨在祭祖儀式現場，當最後圓滿化財時，酹酒後，按理說祖先應可以收到子孫所誠意獻敬的紙錢，供作他們在靈界的日常花費所需。

筆者曾為文指出「焚燒金銀紙對靈界的鬼神有其能量轉化的報謝與溝通性」，茲引述如下：

⑴一位女修道者的看法——「燒金紙」是一種能量的釋放：

有位別稱 Vivian 的女性修道者，曾在網路上表明其對燒金紙的看法：

◆ 清明掃墓民眾祀后土和祖墳，焚化紙錢給后土和祖先享用／李秀娥攝

「基於修道者的立場，我會比較著重在燒金紙的意義！基於『能量不變定律』，『靈』是『人』往生後的形體，『靈』屬無形，也就是一個『能量』，燒金紙是一種能量的釋放，靈體藉以吸取燒金紙釋放的能量，得以延續以及成長，甚至幻化成自己所需要的物品！再加上『人』都會有自己的習慣、喜愛、依戀的事物，這種習性不會隨著往生而消失，所以藉以生前使用金錢的習性，衍伸出燒金紙的習慣！」

「每一個風俗、習慣，都一定有他的歷史背景以及特殊意義，我們都應該抱持尊重的態度去了解、包容他，宗教本意勸人為善，每個宗教的習俗也會因應社會變遷而進步改進，前人的智慧，我們也都應該去尊重去了解他！」[40]

這是比較具宗教觀的出發點來看燒金紙有其能量釋放與轉換的必要性，故可從物質界透過燒化而轉化到靈界，給有執著心與習氣的往生者收執。

⑵被鬼魂捉弄生病，焚送紙錢後迅速痊癒的催眠案例：

已故的前世催眠治療者知名精神科陳勝英醫師，曾在其著作《跨越前世今生——陳勝英醫師的催眠治療報告》（2001年）中提及一則因腳痛求診的病患受鬼魂捉弄，待催眠瞭解後焚化紙錢並於三天內痊癒之事。茲引述其文為例：

「國棟到醫院去探視腦瘤開刀的母親，看見母親在加護病房中垂危掙扎，相當痛苦。當時他母親口中喃喃自語，好像在跟一些人講話，他就大聲叫：『你們不要帶走我母親，我們需要她多留下來一段時間。』他一直陪著母親，見到母親好像有些起色了，就安心回家。哪知從此他開始腳痛，右腳腫起，直到他母親一個月後過世了，仍未好轉。他來找我催眠，想知道有無特別的道理。」

「進入催眠以後，回到病房中，他看到一群人圍繞在母親周圍，等著要帶母親走。那些人之中好像有些跟母親蠻熟悉的。他大叫一聲之後，有些人就走了，有些人卻跟著他回到家，開始捉弄他的腳，使他腳痛。問他們為何那樣做，他們回答說，他們因為他說了那一句話，只得多待一段時日，所以就捉住他的腳，要他不要忘記，必須給他們一些走路費。之後他燒給他們一堆紙錢，腳就開始消腫，三天之內就行走自如，跟多日來舉步維艱的現象，真是不可同日而語。……」[41]

陳醫師本身為基督教徒，相當重視環保，所以其實並不贊成大量焚燒紙錢的信仰行為，但他基於案例透過宗教性的行為痊癒後，只好如實記錄此一催眠案例，供世人參考與瞭解，他在書中也繼續指出：

---

40 參見雅虎奇摩知識網，「Vivian」於2008年9月5日的回答。

41 陳勝英，2001年初版11刷［1997年初版1刷］，《跨越前世今生——陳勝英醫師的催眠治療報告》。台北：張老師文化事業股份有限公司，頁118-119。

「以上的三個案例，實在是我很不願意提及的事，因為深怕這對社會大眾的心靈改造沒有助益，更擔心會增加部分人迷信的傾向，使人覺得不管什麼病，都跟鬼神有關，都去求神問卜，而不是去醫院就醫，以致延誤醫療時效；這就違背我寫本書的宗旨了。」

「但是，因為這是實際發生過的事，本著誠實原則，經過痛苦思考後，還是把它們記錄下來，以待來者更多的研究與評定。」[42]

由此催眠案例可以看出，有些鬼魂是可以商量的，會視家屬的心意而暫時放過病危的病患，暫緩帶走臨終病患的意圖，但會作弄家屬，索求紙錢提供他們陰間生活的費用。

(3) 筆者內在靈視親見靈界可收到焚燒的金元寶：

筆者曾在〈觀靈術的體驗——天界之旅〉（2008 年）文中提及 2006 年蒙眼親身成功進入天界觀靈的體驗，有一段提及「內在靈視」中看到照顧外子的「本命樹園」的顧花童子，在法師燒化金紙後，出現手捧金元寶的部分。在此引述說明之：

「楊師兄瞭解筆者的體會後，提醒筆者再去看生命靈樹的花叢或樹叢，男性的在『本命樹園』內，會以榕樹、松樹、柏樹等樹種呈現，代表男性的生命力與特質；女性的在『本命花園』內，以牡丹花、玫瑰花、蓮花等花叢呈現，代表女性的生命力與特質。所以久婚不孕者，便可請法師代為『探花叢』，調整花叢與雜草、蜘蛛絲後，該位女性的體質與生育力也會被調整的較為健康。

筆者的眼前又再次出現一條小路，路中央有一隻小青蛇在帶路，筆者先是看到一座山崖邊的一株像是迎客松般的斜斜伸長的松樹，姿態蒼勁優美。接著又浮現一株圓圓高聳非常青壯的榕樹，是外子的本命靈樹，圓形的土壤已整理一半，楊師兄知道後，便說他去化一點金紙送給童子，請祂們代為澆水、整理快一點，不一會兒，筆者便看到童子笑著雙手合捧，手中也浮現一疊金元寶，祂們倒是要筆者轉達著楊師兄及大家：『錢財乃身外之物，不必多此一舉。』之後，筆者便看到剛翻好的土壤中，已像曠時攝影般長出一片片的嫩芽並長成綠葉。」[43]

筆者由此親身的內在靈視經驗中，可知像靈界的顧花童子般的修行者，雖然接獲人間焚送的紙錢轉化成的金元寶，會流露出喜悅之色，但卻也懂得轉告筆者及眾人「錢財乃身外之物，不必多此一舉」的清靜寡欲之心。想想連顧花童子都知曉不要執著戀羨世間財物了，更何況是其他修行境界更高的諸多神靈，豈不亦懂清心寡欲的道理，難道會真的在乎人類所焚燒的各類金紙[44]。

42 同註41，頁119。
43 參見李秀娥，2008，〈觀靈術的體驗——天界之旅〉，《歷史月刊》248期，頁16-17。
44 參見李秀娥，2008，〈現代社會演變下的台灣祭拜新禮俗〉，台北市政府民政局「疼惜鄉土・清淨祭拜」論壇。2008年11月24日發表於NGO。（未刊稿）

◆ 清明掃墓祭祖完畢，在金爐焚化紙錢給祖先享用／李秀娥攝

◆ 清明掃墓民眾焚化紙錢給祖先享用／李秀娥攝

只是人們習慣對神明敬獻金紙和祭品，這也是因為希望祈求神明的護佑與賜福消災，所以表達一些力所能及的敬意與謝意。至於一般的鬼魂和祖先，因為修行境界尚不夠圓滿，往往還有執著心與眷戀的事物與習氣，所以比較會耿耿於懷要陽世人或親人子孫能夠孝敬供品和金銀紙，供他們在靈界所需。

端午節

42．端午節習慣拜粽子吃粽子，你知道粽子的由來嗎？

端午節的由來非常久遠，早在西晉時周處撰的《風土記》中對端午的習俗已有較詳細的記載，如：「仲夏端午，烹鶩角黍，進筒糉，一名角黍，一名糉。」[45]說明當時已作粽子應節，而所謂的「角黍」便是我們現今常說的粽子。

另宋代吳自牧《夢梁錄》也提及：「五日重午節，又曰浴蘭令節，杭都風俗，自初一日至端午日，家家買桃、柳、葵、榴、蒲葉、伏道，又並市茭、粽、五色米糰、時果、五色瘟紙，當門供養，自隔宿及五更，沿門喝賣聲，滿街不絕。以艾與白草縛成天師，懸於門額上。或懸虎頭白澤，或士宦等家以生硃於午時書：『五月五日天中節，赤口白舌盡消滅』之句，此日採百草或修製藥品，以為辟瘟疾等用。」[46]由上述可見，宋代端午節的風俗，市街已會販售粽子及其他避邪物等，供民眾應節所需了。

也因為古代的「角黍」即後來所稱的粽子，是端午節的應節食品，常被民眾用來敬神祭祖以及食用。每逢端午節前，家家戶戶多會張羅由家人綁粽子的應節食品，粽葉可裹著香噴噴的肉餡、香菇、滷蛋、花生等，也可隨個人的喜愛而裹成鹹粽或甜粽

◆ 端午民間習慣拜粽子吃粽子來過節／謝宗榮攝

45 引自《國語辭典》中「角黍」條，原見於唐・徐堅《初學記・卷四・歲時部下・五月五日》。
46 阮昌銳，1991，《歲時與神誕》，台北：臺灣省立博物館，頁179。

等口味。也有茹素的家庭會張羅素粽，餡料包括豆皮、豆輪、香菇、雪蓮子，或是具台灣南部粽特色的會在糯米中添加花生，再裹著其他美味的餡料，味道也都很可口。

43．端午節與紀念屈原有關係嗎？

南朝梁．宗凜《荊楚歲時記》中記載端午節時：「是日競渡採雜藥。按：五月五日競渡，俗為屈原投汨羅江日，傷其所死，故並命舟檝之以拯之。舸舟取其輕利，謂之飛鳧，一自以為水車，一自以為水馬。州將及士人，悉臨水而觀之。蓋越人以舟為車，以楫為馬也。……是日競採雜藥，夏小正云：『此日蓄藥，以蠲除毒氣。』」[47]這也是在中國文化中廣泛認定的端午節日，與紀念戰國時期的愛國詩人屈原最有關連。其餘還有另外三種說法，推論說端午節是起於：1.吳越民族圖騰祭說、2.三代夏至節說、3.惡月惡日驅避說[48]。

後來端午節最普遍認定的就是紀念二千多年前，偉大詩人屈原的投江之死。「屈原是戰國時代的楚國人，精於詩詞，在楚國官居三閭大夫，其時的懷王甚為器重他，但卻遭奸臣靳尚等進讒，於是遂作『離騷』一書，希望懷王感悟，及至襄王時，又因讒言被謫於江南，三年不復相見，屈原在心灰意冷之餘，乃於五月五日自沈汨羅江而死，以明心志，當時楚國人民因捨不得

47 南朝梁・宗懍原著《荊楚歲時記》，王毓榮著（校注），1988初版，1992二刷，《荊楚歲時記校注》（文史哲大系6），台北：文津出版社，頁163。

48 喬繼堂，1993，《中國歲時禮俗》（中國民俗采風5），台北：百觀出版社，頁131。

這位賢臣的死去，大家趕著划船去追救他，但當追至洞庭湖時，忽然不見了屈原的蹤跡，這便形成每年此日競賽龍舟的起端，因為當時的人，認為划龍舟是可以嚇散江裡魚兒的意思。」[49]

台灣的端午節競渡究竟與紀念古代屈原有無關係？清康熙33年（1964）高拱乾《臺灣府志》曾記載：「所在競渡，雖云吊屈，亦以辟邪，無貴賤，咸買舟出遊，中流簫鼓，歌舞淩波；遊人置竿船頭，挂以錦綺，捷者奪標而去。」[50]由此可以看出清康熙年間高拱乾主張端午的競渡雖然說是悼念屈原，然也有辟邪的作用，百姓無分貴賤，紛紛出資乘船出遊，有樂聲和歌舞助興，競渡的船頭也高竿懸掛錦旗，讓人競賽奪標。

但是也有學者主張台灣早期的端午競渡與屈原沒有那麼必然的關係，因為普遍的方志文獻罕見提及屈原，直到二次戰後國民政府由中國大陸遷徙來台，才因官方的介入與宣導，而造成普遍的印象。「戰後的端午教育中，經常僅有『屈原』一項，除了最早於民國39年（1950）開始出現端午節教材外；在民國57年（1968）年的《國語》課本中，也以屈原為故事主軸，闡述端午節的由來，並且強調其熱愛國家，出力抵禦殘暴秦國的故事[51]。這些屈原故事的教學，對臺灣端午節本土性的遮掩，在前文中已有述及，藉此可知，戰後國民黨的政權體制，對臺灣端午節影響甚鉅，已然成為官方強力推銷版本的『端午節民間故事』。」[52]

所以在中國古代所流傳下來的說法，已經長期將端午節划龍舟、吃粽子等事，牢牢地與紀念愛國詩人屈原相結合。即使台灣早期的方志也僅有少數會提及端午習俗與憑弔屈原有關，但又加上台灣光復後，國民政府長期的文宣政令，同樣教導民眾端午節與紀念愛國屈原有關。如此長期教育的普及與薰陶下，一般民眾也多會認為端午習俗與紀念屈原有深切的關聯。

49 王世禎，2002[1981]，《中國節令習俗》，台北：星光出版社，頁128。

50 清代高拱乾、周元文，康熙33年（1964），2004，《臺灣府志》，收於：臺灣史料集成編輯委員會編輯，清代臺灣方志彙刊第二冊，臺北：文建會，頁322。溫宗翰，2013，《臺灣端午節慶儀式與信仰習俗研究》（臺灣歷史與文化研究輯刊三編第十二冊），新北：花木蘭文化出版社，頁70。

51 參見1968，《國民學校國語課本》（第十冊），台北：國立編譯館，頁57-58。溫宗翰，2013，《臺灣端午節慶儀式與信仰習俗研究》（臺灣歷史與文化研究輯刊三編第十二冊），新北：花木蘭文化出版社，頁86。

52 溫宗翰，2013，《臺灣端午節慶儀式與信仰習俗研究》（臺灣歷史與文化研究輯刊三編第十二冊），新北市：花木蘭文化出版社，頁86。

◆ 鹿港端午節迎水仙尊王登舟／謝宗榮攝

2
1　3
4

1. 端午洲美龍舟賽設水仙尊王屈原香案／謝宗榮攝
2. 北投洲美屈原宮水仙尊王旗幟飄揚／李秀娥攝
3. 端午洲美龍舟賽迎水仙尊王屈原坐鎮／謝宗榮攝
4. 北投洲美屈原宮水仙尊王屈原尊神／謝宗榮攝

44．端午節為何要划龍舟？是為了驅瘟逐疫嗎？

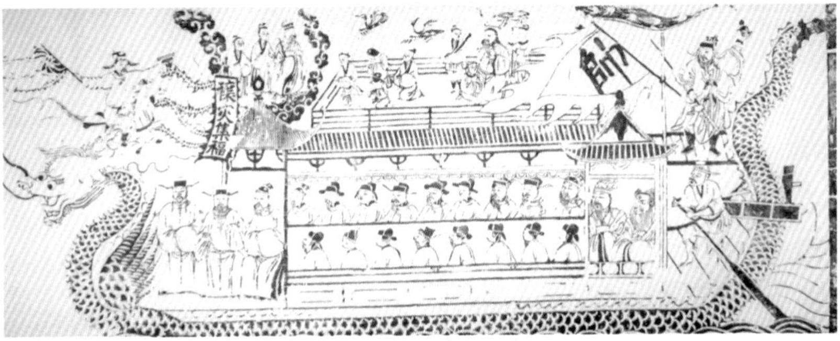

◆禳灾集福的送瘟船版印，眾瘟神乘坐龍舟／謝宗榮攝

根據南朝梁・宗凜在《荊楚歲時記》中的記載端午節的風俗：「是日競渡採雜藥。按：五月五日競渡，俗為屈原投汨羅江日，傷其所死，故並命舟檝之以拯之。舸舟取其輕利，謂之飛鳧，一自以為水車，一自以為水馬。州將及士人，悉臨水而觀之。蓋越人以舟為車，以楫為馬也。邯鄲淳曹娥碑云：『五月五日，時迎伍君，逆濤而上，為水所淹，斯又東吳之俗，事在子胥，不關屈平也。』越地傳云：『起於越王句踐。』不可詳矣。是日競採雜藥，夏小正云：『此日蓄藥，以蠲除毒氣。』」[53]這也是在中國文化中普遍認定的端午節日，與紀念戰國時期愛國詩人屈原有關的說法，但是除此之外，該書也指出端午競渡起源的另外兩種說法，1.紀念伍子胥、2.起於越王勾踐。所以早在紀念屈原之前，中國有些地方已有競渡的習俗了。

53 南朝梁・宗懍原著《荊楚歲時記》，王毓榮著（校注），1988初版，1992二刷，《荊楚歲時記校注》（文史哲大系6），台北：文津出版社，頁163。

◆台北市國際龍舟賽的精美龍舟，龍神口含金紙／謝宗榮攝

而台灣的端午節競渡究竟與紀念古代屈原有無關係？清康熙33年（1964）高拱乾《臺灣府志》曾記載：「所在競渡，雖云吊屈，亦以辟邪，無貴賤，咸買舟出遊，中流簫鼓，歌舞凌波；遊人置竿船頭，挂以錦綺，捷者奪標而去。」[54]由此可以看出清代康熙年間高拱乾主張端午的競渡雖然說是悼念屈原，然也有辟邪的作用，百姓無分貴賤，紛紛出資乘船出遊，有樂聲和歌舞助興，競渡的船頭也高竿懸掛錦旗，讓人競賽奪標。

台灣早期的划龍舟，台語說成「扒龍船」、「龍船鼓」、「鬪龍船」，但是清代所謂的競渡龍船，時常僅是一般的小型舢舨船、小艇、甚至是竹船，而非現代所看到的帶有龍頭、龍尾的大型漂亮龍舟。據說是台北市三腳渡的造船師傅劉清正約於民國54年（1965）應邀打造出他人生的第一艘龍舟，龍舟造形是以他請畫家所繪的龍圖騰為基底的[55]。

正式競渡前，還需要延聘道長率道眾行祭江、謝江、為龍舟開光點睛的儀式，祭江、謝江有以豐盛祭品、經衣、銀紙等祭祀水中孤幽之意，用以安撫水中鬼魂，希望可以減少水上的事故，讓大家都平安順遂，接著大家再紛紛競渡奪標。

所以端午划龍舟競渡除了可以辟邪，也是由於端午毒月毒蟲盡出，五月也是俗信中的惡月，而五月五日是惡月中的惡日，因此是很

◆台北市國際龍舟賽祭江，選手拋灑經衣、紙錢慰勞水面孤魂／謝宗榮攝

◆台北市國際龍舟賽，選手競爭激烈努力爭取奪標榮耀／謝宗榮攝

不好的月份與日子，所以衍生各式各樣的民俗辟邪措施，其中划龍舟競渡也還帶有驅瘟逐疫的目的。

45．端午節為何習慣配戴香包？裡面成分為何？

民間一般相信端午時節，五毒（蛇、蜈蚣或蜘蛛、蠍子、蜥蜴、蟾蜍）滋生，擔憂會危害小孩或大人，所以要繫五色線、飲雄黃酒、屋角四處灑上石灰，門上懸掛蒲艾以辟邪，而俗信雞會食五毒，具有驅毒辟邪的作用，所以昔日民間會張貼「五毒符」、「雞食五毒」、「虎鎮五毒」或「葫蘆收五毒」的剪紙。

54 清代高拱乾、周元文，康熙33年（1964），2004，《臺灣府志》，收於：臺灣史料集成編輯委員會編輯，清代臺灣方志彙刊第二冊，臺北：文建會，頁322。引自溫宗翰，2013，《臺灣端午節慶儀式與信仰習俗研究》（臺灣歷史與文化研究輯刊三編第十二冊），新北：花木蘭文化出版社，頁70。

55 資料參考溫宗翰，2013，《臺灣端午節慶儀式與信仰習俗研究》（臺灣歷史與文化研究輯刊三編第十二冊），新北：花木蘭文化出版社，頁69-85。

1. 端午配戴香包辟邪，圖為八卦香包／謝宗榮攝
2. 丁香為香包成分之一種／李秀娥攝
3. 白芷為香包成分之一種／李秀娥攝
4. 薄荷為香包成分之一種／李秀娥攝
5. 薰衣草為現代香包成分之一種／李秀娥攝

1 23 45

此外，端午為了防五毒的侵害，以辟邪除疫，又鼓勵人人身上繫著香包或香囊，以零碎綢布或五彩線紮成各種形狀，如老虎、花果、八卦、三角形（粽子形）、菱形、球形等，內裝沉香粉、檀香粉、朱砂、樟腦丸，或以白芷、丁香、木香等研磨成細粉填入，清香四溢，用以辟邪逐疫[56]。由於端午節的香包製作非常多樣可愛、色彩繽紛，很受小朋友和大人的喜愛，有些單位也會在端午時節辦理相關的節慶活動，並邀請工藝專門老師教大眾親手作香包，也充滿濃濃的民俗節慶意味。

◆ 手製端午香包，正在裝填香料／李秀娥攝

◆ 市售各式造型的香包／謝宗榮攝

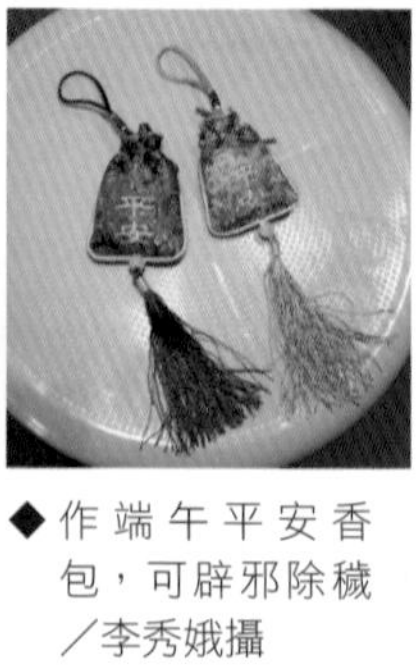

◆ 作端午平安香包，可辟邪除穢／李秀娥攝

46．白蛇傳傳說白娘子喝了雄黃酒現出蛇精原形，雄黃酒一般人可以喝嗎？

民間一般咸信端午時節，五毒（蛇、蜈蚣或蜘蛛、蠍子、蜥蜴、蟾蜍）滋生，憂心會危害小孩或大人，所以要繫五色線、飲雄黃酒、屋角四處灑上石灰，門上懸掛蒲艾以辟邪，而俗信雞會食五毒，具有驅毒辟邪的作用，所以昔日民間會張貼「五毒符」、「雞食五毒」、「虎鎮五毒」或「葫蘆收五毒」的剪紙。祭拜完有些地方習俗傳說人人要喝雄黃酒，據說白娘子當初就是喝下此酒而現出蛇形，因此當天要喝雄黃酒或是在屋裡屋外灑上雄黃酒，可以讓邪祟現形，無法加害於人。

這主要是源於古代的民間傳說《白蛇傳》中所記載的，蛇精幻化成人形成為白娘子白素貞，為報許仙救命之恩，而與之相戀結婚，卻被佛教法師法海發現，認為人蛇不能相戀，白蛇精與青蛇精是妖孽作祟人間，而教許仙端午時讓白娘子喝下雄黃酒，果不其然，白娘子現出原形，嚇昏許仙。後來白娘子與法海鬥法，造成水漫金山寺，最終被鎮於雷峰塔下。也因為民間戲曲常搬演白蛇傳的傳說故事，所以成為家喻戶曉的民間故事人物，也因此地方相傳端午時節人們要飲雄黃酒，可以避邪驅蟲害。

據《標準藥性大字典》對「雄黃」的記載：「【功效】近時祇用作腐蝕藥，及脫毛藥；但昔時則用於治鼠瘻，惡瘡，梅毒及痣疾，或為蛇虫犬咬傷藥。功能搜汗氣，瀉肝風，殺百毒，治驚

癇，痰涎，頭痛，暈眩、暑瘧，澼痢，泄瀉，積聚。又能化血為水，燥濕，殺虫，為外科要劑；亦可內服。……【用量】內服三分至一錢，外用無定量。【禁

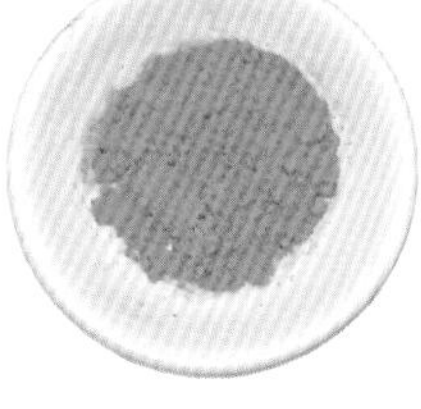

◆ 雄黃為藥材，可外用及內服，但具毒性需慎用／李秀娥攝

56 方寶璋，2003，《閩台民間習俗》，福建：福建人民出版社，頁246。

◆ 許仙與白娘子的斷橋會花燈／謝宗榮攝

◆ 許仙和白娘子及雷峰塔花燈／李秀娥攝

忌】雄黃性熱有毒，外用易見效，內服難免害；凡服之中病即止，不可過劑。因其有腐蝕性，終不免侵蝕腑臟；又忌鉄及火。」[57]

由上可知雄黃之藥性，昔日雖也可內服治病，但因其有腐蝕臟腑的毒性，所以不宜多服，內服必須謹慎限量，所以後來也有中醫主張雄黃具有腐蝕毒性，其實還是少飲為宜，只宜外用治病或灑在屋角四周防治毒蛇與蟲。

47．端午節時為何家家戶戶門口要掛菖蒲和艾草？端午節時為何民間習慣要用藥草淨身？

端午節時家家戶戶要在門口懸掛菖蒲、艾草和榕枝（以前還插著龍船花）所編成的辟邪物，因為菖蒲形如刀劍可辟邪，而艾草可治病保健，榕枝長青亦可辟邪。也有說菖蒲比喻劍，艾草比喻旗可禳邪招福，如「艾旗招百福，蒲劍斬千邪」[58]，這幾樣亦可當天拿來洗澡，作藥草浴，據說可以消毒治百病。端午行藥草浴的歷史相當早，早在《大戴禮記》中便記載著五月五日：「蓄蘭，為沐浴也」，而清道光年間的《廈門志》卷一也記載著福建廈門有「浴百草湯，曰蘭湯」之俗[59]。

台灣民間家中自有庭院的往往會種植一些藥草植物，因而可自行摘取一些藥草供給家人洗淨沐浴，有的只是簡單擦洗一下手、面等，不一定洗全身。但

◆ 端午節民家盛行懸掛菖蒲、艾草和榕枝辟邪／謝宗榮攝

也有菜販會在端午時節專門販售菖蒲與艾草、榕枝紮好的辟邪植物供人懸掛在家門旁，但會強調菖蒲這種植物掛件因為含有農藥，所以不能直接拿來洗身，必須另外採買專門洗淨用的藥草捆，這樣比較安全，所以民眾在採買端午洗身用的藥草時，要特別留意一下掛門上的植物與洗身用的藥草植物稍有不同喔！

◆ 端午也盛行以藥草淨身，稱作沐蘭湯／李秀娥攝

57 潘杏初，1988，《標準藥性大字典》，永和：博智文化事業有限公司，頁384-385。

58 片岡巖著，陳金田譯，1990[1921]，《臺灣風俗誌》，台北：眾文圖書公司，頁602。

59 方寶璋，2003，《閩台民間習俗》，福建：福建人民出版社，頁245。

七夕

48．你知道七夕拜的七娘媽，是指七位女性神嗎？祂們的主要宗教職司為何？

民間每逢陰曆七月七日，即七夕之日傍晚，習慣敬拜七娘媽，所謂七娘媽即七位女性神，又稱七星娘娘，也就是民間傳說中的七仙女，而織女娘娘則是排行第七的么妹。若以織女的古老傳說故事演變而言，民間盛傳的往往是有關牛郎織女每年七夕才得相會的動人故事。

有關牛郎織女傳說故事的轉變，在《中國神話傳說故事辭典》中，則說明牛郎織女的神話雛形原見於《詩．小雅．大東》：「維天有漢，監亦有光。跂彼織女，終日七襄。雖則七襄，不成報章。睆彼牽牛，不以服箱。」指織女和牽牛原為天漢二星，後來逐漸被賦予鮮明的人物造型與傳說，在南朝梁殷芸《小說》（《月令廣義．七月令》引）則云：「天河之東有織女，天帝之子也。年年織杼勞役，織成雲錦天衣，容貌不暇整。帝憐其獨處，許嫁河西牽牛郎，嫁後遂廢織紉。天帝怒，責令歸河東，但使一年一度一相會。」民間傳云：織女為天帝孫女，也是王母娘娘的外孫女，於織紉之暇，常與諸仙女於銀河澡浴。牛郎則下方一貧苦孤兒也，常受兄嫂虐待，分與一老牛，令其自立門戶。其時天地相去未遠，銀河與凡間相連。牛郎遵老牛囑，去銀河竊得織女天衣，織女不能去，遂為牛郎妻。經數年，產兒女各一，男耕女織，生活幸福。不意天帝查明此事，震怒非常，力遣天神往逮織女。王母娘娘慮天神疏虞，亦偕同去。織女被捕上天牛郎卻不得上，與兒女仰天號哭。時老牛垂死，囑牛郎於其死後剖皮衣之，便可登天。牛郎如其言，果偕兒女上天。差已追及織女，王母娘娘忽拔頭上金簪，憑空劃之，頓成波濤滾滾天河。牛郎織女隔河相望，無由得過，只有悲泣。後終感動天帝，許其一年一度於七月七日

◆台南市開隆宮七娘夫人，為婦幼守護神／謝宗榮攝

鵲橋相會[60]。對於上述幾則牛郎織女故事的衍變，較為眾人所知的則是後來被傳衍的，如織女私犯天誡下凡與凡人結婚生子，後被天帝責罰每年七夕才得相會一次。

每年「七夕」是民間故事傳說中織女與牛郎一年一度相會的日子，據說他們自相戀後，牛郎不再下田耕種，織女不再勤於織布，所以被天帝懲罰一年只能相會一次。而天上的七仙女，共有七位姐妹，傳說宗教職司會保佑人間未滿十六歲的小孩順利長大成人，而有「七星娘娘」之稱，但以排行第七的織女娘娘為首，因而七夕當日皆會拜七仙女祈求庇佑。一般民間對於護佑孩童的七仙女多以「七娘媽」尊稱之，所以該日又稱「七娘媽生」。而七娘媽也有收契子的習俗，民眾會前來廟裡填寫契子書，好讓七娘媽持續護佑，直到滿十六歲時，會於祭拜後焚化謝掉契子書，表示從此長大成人，可以承擔應負的人生責任，不再需要七娘媽的特別庇佑了。

49．七夕拜七娘媽時，為何民眾要準備七碗湯圓呢？

拜七娘媽時，由於七娘媽的神格較高，且有七位七星娘娘，所以傳統上會準備較為豐盛的供品，特別是準備一座七娘媽亭（紙糊燈座），放在供桌中間代表七娘媽的神尊，或是準備一張七娘媽的神禡壓在供桌前緣中間，但有些地方則不準備七娘媽亭或七娘媽的神禡來祭拜，而是當空呼請。

另還需準備七碗湯圓、二到三大碗油飯、一大鍋麻油雞、雞冠花、薊花（千日紅，俗稱圓仔花）、胭脂、椪粉、紅絲線、香帕、扇子、鏡子等。金紙主要是娘媽襖（或稱鳥母衣、床母衣）七只、壽金或刈金（四方金）等，再特別準備毛巾臉盆給七娘媽梳洗用。

50．七夕拜七娘媽時，為何鹿港居民要將湯圓都壓凹一個洞呢？

七夕拜七娘媽的習俗在台灣各地相當普遍，只是紙糊的七娘媽亭各地型製稍有不同，尤其是家裡若有未滿16歲的小孩時，每逢七夕婦女都會特別敬奉七娘媽。其中鹿港地區民眾準備的湯圓七碗，每個湯圓中間會再特地以大拇指壓一個凹洞，傳說因為織女與牛郎夫妻一年一度才得相會一次，難免感傷落淚，鹿港地區

60 袁珂，1987，《中國神話傳說故事辭典》，台北：華世出版社，頁63。李秀娥，2006，《鹿港的信仰與曲館研究》（國立編譯館主編），台北：博揚文化事業股份有限公司，頁196-197。

◆ 台南市開隆宮七娘媽生的豐盛供品／李秀娥攝

◆ 鹿港鎮拜七娘媽的供品／李秀娥攝

◆ 鹿港鎮拜七娘媽供七碗湯圓和兩大碗油飯／李秀娥攝

◆ 鹿港鎮拜七娘媽的供品擺設／李秀娥攝

◆ 鹿港鎮拜七娘媽湯圓都特別壓凹一個洞，好裝牛郎織女相會時的眼淚／李秀娥攝

的信眾自古以來流傳的拜法，便會將象徵「一家團圓」的湯圓壓個凹洞，來盛裝牛郎織女相會時喜極而泣或是令人傷感的眼淚。這也是民俗祭拜禮俗中，充滿人情味細膩貼心的一個表徵。

51. 七夕拜七娘媽時，民眾為何要準備雞冠花和圓仔花當祭品？

由於民間非常重視會照顧孩童順利成長的七娘媽，且七娘媽為七位女性神，所以供奉的供品常見要特別準備七份，如七碗湯圓、七份娘媽褉紙錢，一到三大碗油飯、一大鍋麻油雞酒，此外，還會特別供奉雞冠花、薊花（千日紅，俗稱圓仔花）給女性神祇，雞冠花和圓仔花是民間常見各家各戶多會栽種的庭院植物，只要逢祭拜的節日來臨，就可以由自家庭院摘取直接當成供花，有的會用花瓶裝，有的則用供盤盛裝。

這兩種鮮花色彩多為紅色，非常喜慶，適合敬獻給女性神祇，再加上它們的生命力繁衍也很旺盛，容易栽種，有說種雞

◆ 七夕拜七娘媽供雞冠花，有祈加冠進爵之意／李秀娥攝

冠花，敬獻雞冠花，取其「加冠」之意，象徵祈求神明可以賜福孩子將來高中功名，以獲取祿位的吉兆。

而圓仔花，名為「千日紅」，花紅常紅，所以敬獻給女性神祇，也很喜氣，同時象徵祈求神明賜予家中女孩如千日紅般的嬌媚可人，將來也可獲得好婆家，共結一段好姻緣。

52．七夕拜七娘媽時，民眾為何要準備胭脂椪粉、鏡子、扇子等當祭品？

七夕時，若家中還有未滿16歲的小孩者，民間習慣要敬拜七娘媽。敬備的供品主要有七碗湯圓、一二到三大碗油飯、一大鍋麻油雞酒、雞冠花、莿花（千日紅，俗稱圓仔花）、胭脂、椪粉、紅絲線、香帕、扇子、鏡子等。由於崇奉的是女性神祇，不同於一般的男性神，所以民眾還會特別敬奉一盤前述胭脂、椪粉、紅絲線、香帕、扇子、鏡子等供物，這也是供七娘媽化妝增添妝容的女性供品。有些女神供

◆ 七夕拜七娘媽供千日紅（圓仔花），有祈花好常紅，賜予好姻緣／李秀娥攝

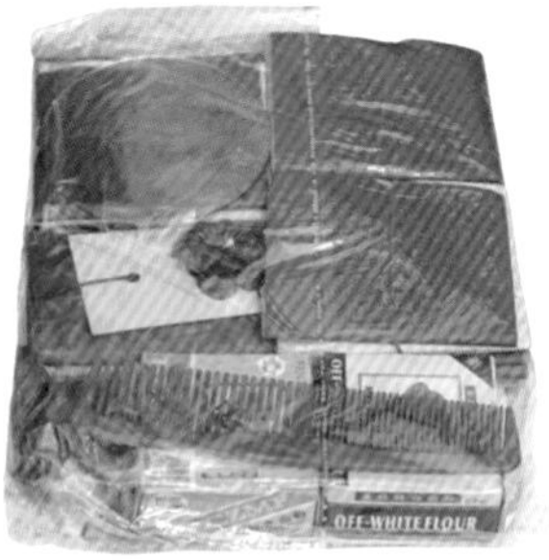

◆ 台北拜七娘媽的敬品包／謝宗榮攝

◆ 七娘媽敬品包有七娘媽神禡、娘媽襖、梳子、鏡子、紅花、椪粉、紅絲線／李秀娥攝

物盤還會包括香水、梳子等，依據信徒的經濟條件和誠意而準備。有些金紙店每逢七夕前就會特地準備一份份的女神供物盤或供物包讓民眾採購，用來敬獻給七娘媽，祈求七娘媽庇佑婦女並賜予白晰美貌與女紅巧藝等。

53．傳統拜七娘媽時，敬獻後的椪粉要分兩半，為何一半要拋向屋頂？

不論是祭拜七娘媽或是織女娘娘，台南地區的婦女習慣將祭拜後的脂粉拋向空中，落在自己的臉上，象徵獻給七娘媽，而七娘媽再賜予當事者美貌。而鹿港地區的婦女皆會在祭拜後將薊花（圓仔花、千日紅）、椪粉（脂粉）各分一半，將一半的椪粉拋到屋頂上（象徵天上），一半留下來自己用。一來表示敬獻給七娘媽神用；二來婦女也可祈求七娘媽除了保護幼童順利長大成人外，也祈求七娘媽能夠賜予她們白晰和美貌，以及如同織女娘娘般，能在女紅方面擁有精湛巧妙的手藝，故而昔日七夕對於婦女而言是非常重要的祭拜節日。

◆ 台南七夕供七娘媽的胭脂粉餅香水盤／謝宗榮攝

◆ 台南七夕拜七娘媽的花粉供盤／李秀娥攝

54．你知道敬獻給七娘媽的紙錢稱為「鳥母衣」或「娘媽襖」嗎？

「鳥母衣」或「娘媽襖」，或也稱「床母衣」，為紫紅色紙錢，上面印有紫色的雲紋和花草紋，象徵製作衣料的紙錢，其內再以黃色的草仔紙印上花草紋。經常是數片成組出現，由紫紅色的封面與黃色草仔紙相間隔連在一起，南部地區多圍成一個圓圈狀，準備七份的娘媽衣用來祭拜七位七娘媽。屬於敬獻給七娘媽、床母等女性神祇的紙錢。

所以當民間祭拜七娘媽時，要專門準備一疊七份的鳥母衣，若要同時拜床母，就得再加一份同款的床母衣擺在七娘媽亭的桌邊一起敬奉。有的人家則是專門在床邊祭拜床母，祈求床母庇佑小孩平安長大。

部分地區的金紙店會有專用的床母錢，是一種印有床公床母神像的紙錢，這就很明顯是專為敬獻給床公床母用的，那就不能拿來拜七娘媽了。

◆ 娘媽衣或娘媽襖／李秀娥攝

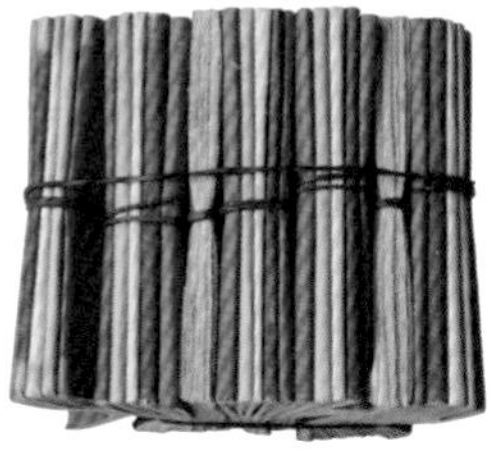

◆ 七份七娘媽衣／李秀娥攝

◆ 七娘媽神禡／李秀娥攝

◆ 台北的七娘媽衣／李秀娥攝

55．你知道拜七娘媽時的紙糊七娘媽亭，有何作用？

台灣各地有行成年禮者，其中以位於台南市的枋橋頭開隆宮所舉辦之成年禮習俗最負盛名，行之有年，開隆宮創建於清雍正十年（1732），主祀神即為七星娘娘。據陳瑞隆的《台灣生育冠禮壽慶禮俗》（1998）中記載，該地盛行的成年禮俗源於清代台南市西區，即今日的長樂街一帶有五個港口碼頭，船隻往來頻繁，所運送進出的貨品向來皆由當地的五大姓氏（盧、郭、黃、蔡、許）的族人負責，當地碼頭所需的搬運工人，在計算工資時，成人全薪，未滿十六歲者為童工以半薪計，居民為了能夠領得全薪工資，非常重視成年禮的儀式，當孩子成年時，便會祭祀並宴客邀請工頭及親朋好友，共同證明，這也是經神明與工頭眾人的認定後公開的昭告。

故此，居民會在孩子滿十六時，為其添購新衣新帽，全身穿戴整齊，並敬備供品，如麻油雞酒、麵線、四果、六齋碗、七碗甜芋、紅龜粿、二根帶尾甘蔗、金紙、娘媽衣、五牲等，以及事先特別訂作一座七娘媽亭，領著滿十六算的孩子來到廟方讓其鑽過七娘媽亭。並由廟方執事人員或父母站在廟旁的木雕狀元亭供桌前，男轉左女轉右，連續三次，表示孩子已成年，從此可「出娘媽宮」或「出婆姐宮」、「出姐母宮」，不需再受到七娘媽或婆姐等的特別照顧。

◆ 台南式紙糊七娘媽亭／謝宗榮攝

傳統上每當有子女逢做十六歲時，外婆家須備辦孩子的衣服、鞋帽、手錶、項鍊、腳踏車（男女孩皆可）或縫紉機（主要給女孩）、紅龜粿、香蕉、麵、雞鴨等分別為男女外孫做十六歲。當天除了敬祀七娘媽外，也須備油飯、麻油雞酒答謝床母多年來的護佑[61]。

其實，七娘媽亭為陰曆七夕敬拜七娘媽時，或「做十六歲」成年禮的習俗中所使用的紙糊敬品。用意是讓虛歲未滿十六歲或滿十六歲的孩子，在七娘媽生時連同牲禮水果敬獻後，躦過或爬過七娘媽亭。凡未成年者躦過七娘媽亭，有祈求七娘媽庇佑順利成長之意；至於滿十六歲成年者躦過的七娘媽亭，有「出婆姐宮」之意，亦即自此成年，不再需要七娘媽的特別照顧了。

此種紙紮的神亭多由糊紙店製作，材料多以細竹條及色紙糊成，亭內張貼一張七娘媽的神禡、或用紙糊成七尊七娘夫人像。較簡單的為一層；也可作兩層，並加底座，更隆重一點的也可以作三層，成為一種整面立體或平面的款式，一般有大座與小座之別。最上層有百子亭、第二層和第三層分別是七位七星娘娘。祭祀時，多由祭拜者或許願者向糊紙店或七娘廟預定，也有臨時購買的。台南府城地區的民眾只有在滿十六歲時才會訂製華麗的七娘媽亭前往開隆宮或臨水夫人媽廟敬獻七娘媽或註生娘娘，祭拜前先將它供奉於神桌前，然後連同牲禮、鳥母衣等祭拜。拜完後即由家人高持著，讓成年者穿過，男轉左三圈，女轉右三圈，表示已「出婆姐宮」，從此成年了。鹿港地區的習俗則凡是民眾家中有孩童未滿十六歲者，每年皆敬備七娘媽亭來祭拜，各地方拜七娘媽的習俗有不同的發展與習俗差異。

61 引自李秀娥，2019，〈台南市開隆宮的成年禮俗〉，收錄於李秀娥著：《迎神台灣：圖解信仰儀式與曲藝陣頭》，台北：帕斯頓數位多媒體有限公司，頁230。

56．鑽七娘媽亭時，你知道男生要轉龍邊（傳統說正邊）三圈，女生轉虎邊（傳統說反邊）嗎？

台南府城地區的民眾只有在滿十六歲時，才會以華麗的七娘媽亭敬獻七娘媽或註生娘娘，祭拜前先將它供奉於神桌前，然後連同牲禮、鳥母衣等祭拜。拜完後即由家人高持著，讓成年者穿過，男轉左三圈（即傳統方位正邊、龍邊），女轉右三圈（傳統方位反邊、虎邊），表示已「出婆姐宮」，從此成年了，不再需要七娘媽的特別庇佑了。而鹿港地區的習俗，則凡是民眾家中有孩童未滿十六歲者，每年皆敬備七娘媽亭來祭拜，且擺放在供桌上，而且也會讓家中未成年的小朋友鑽過供桌下三圈，表示受到七娘媽的特別庇佑與加持，可以保庇他們平安順利的長大成人。各地方於七夕時拜七娘媽的習俗有不同的發展與習俗差異，但對於敬奉七娘媽的心意則是毋庸置疑的。

◆ 台南市開隆宮成年禮鑽狀元亭，男轉龍邊三圈，女轉虎邊三圈／謝宗榮攝

七月普度

57．為何民間每年陰曆七月都要普度好兄弟，鬼魂都普度不完嗎？

傳統的普度祭拜習俗中，人們都知道陰曆七月的中元節前後，需要備豐盛供品來普度好兄弟，許多廟宇還會延聘僧道法師來超度這些孤魂，佛教稱為「盂蘭盆會」，作放焰口或作大甘露施食法會，或是作蒙山施食，這有其規模大小的不同；道教習慣稱為「慶讚中元普度植福法會」或「慶讚中元祈安芳醮」。

不論是寺廟或宮廟幾乎每年都會舉辦這種大型的普度法會，希望超度眾多孤幽，有些人不免心生疑惑：「為何民間每年陰曆七月都要普度好兄弟，鬼魂都普度不完嗎？」

其實一般人因為肉眼看不見、也摸不到鬼魂，所以難免對於世間究竟有無鬼魂存在？或是法師在超度鬼魂究竟有沒有發揮作用？為何要年年普度？民眾會對這些問題產生疑惑也是難免的。

筆者以身為敏感體質者的親身經歷，確實感受過陰曆七月道長或法師在普度時，靈視中見到許多回身影黑黑的孤魂存在。有些與法師有緣的會接受勸法而感到開心，合力扛抬著

◆《點石齋画報》第七集下中的盂蘭盆放蓮花燈／謝宗榮攝

◆ 台北市內湖普恩宮慶讚中元法會延聘佛教誦經團／謝宗榮攝

靈界中幻化成一個非常巨大的大佛手，或是合力扛抬著一位卡通的大力士，孤魂們快樂的唱著歌，往某個方向前進。

其他總有些冥頑不靈、執著心很重的孤魂，無法聽道長或法師等的經懺開導，而仍執著逗留於人世間，不肯歸返地府受管束。這些竄逃的孤魂在鹿港地區會稱「散魂」，每年還要由鹿港奉天宮蘇府大二三王爺廟，於陰曆八月二十日來行收散魂的儀式。而前一年普度完後，即使已經有一大批好兄弟被收歸地府了，但世間幾乎隨時有或是生病、或是意外事故喪生的新亡魂產生。倘若辦喪禮的過程中，沒有處理完備，也可能造成新亡魂並沒有被真正引渡走，還滯留於人間，抑或他們的心願未了，也由於頑強的執著心而成為民間所謂的地縛靈。

簡單而言，度走了一批孤魂，又會來一批新的孤魂。因此需要年年普度、年年超度，時常普度與超度，也可以迴向奉頌經懺的功德給這些孤魂，他們也會因為獲得這些功德迴向的累積，而在靈界過得更開心，更如意，逐漸拋棄執著心、怨念、仇恨的負面情緒，漸漸有了修行心性的體悟，而往生西方或仙界。佛教則主張人死後會隨著業力的牽引而六道輪迴，因果報應絲毫不爽，所以鼓勵人們要努力修行，消除貪嗔癡三毒，超脫輪迴之苦，或是悟道成佛後，乘願再來，度化眾生。

◆ 基隆中元祭普度供品發粿塔／謝宗榮攝

◆ 台北市內湖普恩宮中元普度的豐盛供品與法船，好超度眾孤幽／謝宗榮攝

58．世界上到底有沒有鬼神，鬼到底存不存在？

很多人心中難免會有這種疑惑：「世界上到底有沒有鬼神，鬼到底存不存在？」倘若世界上並無所謂鬼神的存在的話，那麼很多宗教的核心、信仰、教義、經典所涉略的就沒有什麼意義了！筆者對此問題僅提出身為敏感體質者的個人經歷來說明，在筆者日常生活與修行經驗裡，曾屢次被鬼魂提醒祂們也想喝茶、也想吃東西、也需要衣物、需要經咒功德的迴向等等。

例如：當筆者正在喝茶時，會突然額心有點重重的，這時直覺會聯想到鬼魂或眾生的存在，祂們藉此提醒我祂們也想喝茶，筆者此時就會心中觀想也請祂們享用茶水。當筆者正在家中料理三餐時，尚未料理完畢，甚至才剛剛開始洗菜、切菜而已，有時候也會很明顯感受到額心突然一陣沉重感，此時也會直覺聯想起有孤魂或眾生想吃筆者所煮的素食餐點，會心一笑後請他們耐心一點等筆者料理好，再觀想請他們一起享用。通常當筆者這樣思想後，額心的那陣昏沉感也會突然消失。

◆ 江逸子繪《地獄變相圖》之餓鬼獄／謝宗榮攝

筆者在靈視裡見過許多孤魂，尤其是在道長或法師普度時，更曾在靈視中見過許多孤魂現身排隊列陣整齊，而天空有白衣大士的觀音菩薩灑下許多清涼的甘露水。筆者因為靈視裡見過許多回有關孤魂的身影，也見過一些神明現身，包括白衣大士、千手千眼觀音菩薩、媽祖、太上老君、濟佛（濟公）、三太子、關聖帝君等等，甚至白衣大士或濟佛現身後也曾交代筆者一些事情。

就個人而言，鬼神的世界是存在的，祂們可以超越時空的限制，而來與我們相遇結緣，鬼魂或受苦眾生的存在，同樣是能敦促我們堅定修行的助緣，而神靈則會暗中引導我們走向正確的修行之路，讓修行者成為神靈的僕人，一起幫助神靈讓眾生早日脫離痛苦的情境，也讓世界變得更加美好。

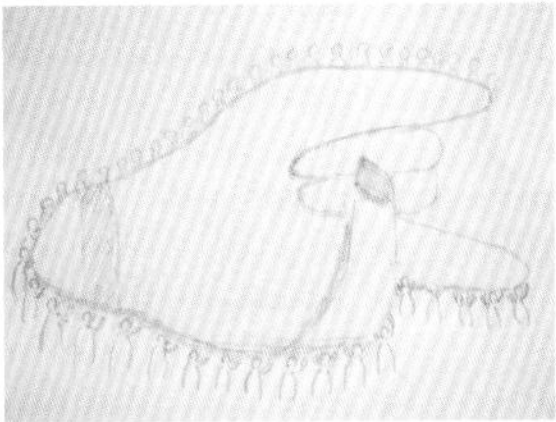

◆道長在中元普度時，作者靈視見眾孤魂合力抬一巨大佛手前進／李秀娥繪

◆道長建醮普度時，作者靈視見眾孤魂合力抬一巨大力士，哼著歌快樂前進／李秀娥繪

59．什麼是開鬼門？什麼是關鬼門？

原本台灣各地的中元普度並沒有固定的祭拜日期，但隨著一九五二年政府鼓勵節約拜拜的風氣，並統一於七月十五日為中元普度日，許多地方習俗因而改變。所以每逢陰曆七月將臨，設有五營兵將鎮守境域平安的廟宇會紛紛於陰曆六月底提前舉行收兵犒將（犒軍、賞兵）的儀式，好讓那些孤魂滯魄（民間俗稱老大公、好兄弟）可以自在地回到陽間，享受人間熱情的施食招待。每年陰曆七月初一「開鬼門」，陰曆七月底「關鬼門」。

◆嘉邑城隍廟開鬼門之普度芳醮／謝宗榮攝

台灣各區開關鬼門的負責單位則不一定，如鹿港地區的宮廟習慣是由鹿港大將爺廟開鬼門，由鹿港地藏王廟關鬼門。而嘉義市則由嘉邑城隍廟開鬼門，由嘉邑九華山地藏王廟關鬼門。

一般於陰曆七月初一「開鬼門」後，民家會在門前特別點上一盞夜燈，專為好兄弟引路照明之用，稱為「普度公燈」、「七月燈」或「鬼提燈」，直至月底才停止。初一下午起，家家戶戶要拜門口好兄弟，準備五味碗、粿、酒、米飯，以及盥洗用具、經衣、銀紙等敬奉。

此期間就是中元普度的時刻，雖然不需固定於哪一天舉行盛重的中元普度，民眾可以隨地方習俗擇日舉行普度即可，常見中元普度場面盛大，供品也很豐盛澎派，甚至有些宮廟還會不惜鉅資，延聘佛教法師舉行盂蘭盆會或道教法師舉行慶讚中元普度植福的法會，這也是藉由法師的功德力，誦經念懺，期望讓眾孤幽聽經聞懺，悟道得道，這是超度眾孤幽或孤魂滯魄的好時機。

1 2
3 4
5

1. 士林芝山巖陰曆七月開墓門典禮致詞／謝宗榮攝
2. 士林芝山巖陰曆七月合力打開墓門／謝宗榮攝
3. 士林芝山巖陰曆七月合力關閉墓門／謝宗榮攝
4. 士林芝山巖陰曆七月關墓門典禮，民政局首長致詞／謝宗榮攝
5. 士林芝山巖陰曆七月關墓門典禮，釋教法師執行儀式／謝宗榮攝

到了陰曆七月底「關鬼門」時，約下午四、五點地方公廟會舉行「謝燈篙」儀式送好兄弟上路，祭品和金銀紙則如七月初一所備，民家則也隨俗如七月初一般祭拜好兄弟，又稱「孝月底」。

60．什麼是開龕門？什麼是關龕門？

一般民間的祭拜習俗認為陰曆七月初一會開鬼門，而陰曆七月底會關鬼門，期間長達一個月，是眾孤幽被放出鬼門關來接受人間普度祭拜與法食招待、聽經聞懺、接受超度的好機會。

1
2
3 4

1. 陰曆七月基隆老大公廟虎邊龕門已打開／謝宗榮攝
2. 陰曆八月初一基隆老大公廟進行關龕門儀式／謝宗榮攝
3. 地方首長也參與基隆老大公廟關龕門儀式／謝宗榮攝
4. 基隆老大公廟虎邊龕門內碑文／謝宗榮攝

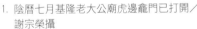

而開、關鬼門的說法在聞名國際的基隆中元祭慶讚中元普度活動時，習慣稱為「開龕門」」和「關龕門」。由陰曆七月一日子時（凌晨零時整）在基隆老大公廟舉行「開燈」儀式，七月一日下午二時於老大公廟「開龕門」，由輪值主普之代表主祭開啟兩道龕門之墓扉，放出孤魂滯魄。到了陰曆七月十二日晚上七時，在中正公園的主普壇舉行「開燈放彩」活動，主普壇往往以藝術醮壇的形式裝飾起來，上面布有許多祥禽瑞獸和電動的神仙人物，有時候更會邀請國內外的優秀舞蹈表演團隊輪流展演，這些藝術表演團體的精湛演出，往往吸引許多民眾扶老攜幼踴躍前往觀賞，並一飽眼福。

陰曆七月十三日下午一時至五時，有「迎斗燈」遶境的活動，許多精緻的木雕斗燈會由北管樂團伴奏出來遊街。陰曆十四日晚上準備放水燈，當天會有大型且華麗的紙糊水燈厝（或水燈頭）、藝閣、花車以及各式舞獅舞龍的陣頭、東西方遊藝團體（如北管軒社……）等共同參與的盛大遊行，熱鬧非凡，這也是整個中元祭典中最吸引群眾圍觀的重頭戲，所以國內外的觀光客往往於當日將整個基隆市區擠得水泄不通。放水燈的地點在八斗子望海巷舉行，約莫半夜十二時整，由道士誦經，引導旁人燃放各姓氏所備的水燈頭，以召請水面孤幽前來參加普度法會，聽經聞懺，當地人相信水燈頭飄得越遠，是象徵該字姓越發達的吉兆。

陰曆十五日晚上舉行普度，普施後於晚上十時多化送大士爺，及孤魂的同歸所、翰林院（或寒林院）；十一時並有跳鍾馗押孤的儀式，以示將孤魂滯魄強行押走，避免在地方逗留侵擾百姓；到了八月初一傍晚六點，輪值主普再回到老大公廟行「關龕門」儀式[62]，之後並轉往慶安宮媽祖廟舉行新舊爐主交接手爐的活動，象徵主辦權將會輪到下一姓氏，基隆的中元普度就此宣告結束。昔日新舊爐主交接手爐，原本是在陰曆七月十五日深夜裡十二點左右舉行的，後來才修改成陰曆八月初一再辦理交接。

61．什麼是公普？什麼是私普？

普度一般有分廟宇「公普」和民家「私普」，「公普」往往結合公廟和地方大姓、輪值村莊、角頭等共同參與，普度儀式與活動較為盛大，犧牲與供品等也非常豐盛，耗費鉅資，祭典隆重，有時候會跨越縣市的行政區域，例如基隆中元祭是十五字姓的輪值普度、而新埔枋寮義民節則是十五聯庄的輪值普度，都聞名全台，前者更享譽國際，每逢舉辦祭典期間，皆會吸引許多國內外人士蒞臨觀賞。

所謂的「私普」則是一般民家家戶各自舉行的私人普度，規模非常小型，限於一家或少數幾戶人家的聯合普度，不同於村莊聯合的公眾性普度，所以稱為「私普」。

62 參考李豐楙、謝聰輝、李秀娥、謝宗榮、張淑卿，2000，《雞籠慶讚中元——己卯年林姓主普紀念專輯》，基隆：基隆市林姓主普祭典委員會。李秀娥，2015，《圖解台灣民俗節慶》（圖解台灣07），台中：晨星出版有限公司，頁167-169。

1
23
45
67

1. 基隆中元祭中正公園內的主普壇／謝宗榮攝
2. 基隆中元祭技藝精湛的各式江米人看桌／謝宗榮攝
3. 虎尾中元祭南區敬獻的普度豬公／李秀娥攝
4. 虎尾中元祭中區普度敬獻的奇姆造型蛋糕／李秀娥攝
5. 高雄果菜批發市場中元普度豐盛精巧的供品／李秀娥攝
6. 高雄果菜批發市場中元普度道長進行普度儀式／李秀娥攝
7. 2005年三峽中元祭，八張里民扛自製水燈排遊行／謝宗榮攝

62．什麼是廟普？什麼是街普？

台灣是個宗教文化與活動相當自由蓬勃發展的地方，早自清代以來，因為「三年一小亂，五年一大亂」的社群械鬥事件頻仍，往往造成雙方許多人員的傷亡，事件發生後初期多集體草草埋葬，慢慢地也陸續建廟祭祀這些械鬥或征戰而死難的百姓，各地也接連有了許多大眾爺廟、大將爺廟、百姓公廟、地藏王廟等的興建與祭祀活動，好安撫這些非正常死亡的敗軍死將、無主枯骨等。

而由這些廟宇或其他廟宇所發起的中元普度法會，便是屬於「廟普」的性質，也因為集合了村莊內居民的財力、物力、人力，因而往往若由廟方主辦的中元普度法會，場面壯觀，祭品豐盛，典禮莊嚴隆重。

而有些地方宮廟在清代時期，已有特殊盛大的陰曆七月「搶孤」習俗，例如台北板橋、土城、宜蘭頭城、屏東恆春皆有，而在日治到光復期間中斷許久，頭城慶安宮是在近數十年才又恢復隆重的搶孤祭典，而恆春的搶孤也頗富盛名。

至於所謂的「街普」，主要是指昔日非常古老與久遠的部分地區，流傳下來的輪流普度的「街普」之俗，整個陰曆七月幾乎天天都有祭拜活動，熱鬧異常，像是鹿港地區迄今仍流傳一首普度歌謠，記

◆士林福星宮釋教法師進行放焰口儀式／李秀娥攝

◆台北府城隍廟慶讚中元道長普度施食／李秀娥攝

錄昔日街內輪流普度的情形。

◆ 2005年台北保安宮慶讚中元豎燈篙／謝宗榮攝

普度歌謠的內容顯示著自清代以來，鹿港每逢中元祭各街區小巷輪流於陰曆七月初一至陰曆八月初二，家家戶戶拜門口普度好兄弟，讓這些孤魂野鬼可以日日享用豐盛的美食與銀紙花用。這首流傳久遠的普度歌謠，也是昔日鹿港富商辜顯榮遠赴台北發展後，用以測試前來求助盤纏的鹿港人，以能否背誦普度歌謠為依準，判斷其是否真為鹿港同鄉。

鹿港的普度歌謠內容為：「初一放水燈、初二普王宮、初三米街、初四文武廟、初五城隍宮、初六塗城、初七七娘生、初八新宮邊、初九興化媽祖宮口、初十港底、十一菜園、十二龍山寺、十三衙門、十四飫鬼埕、十五舊宮、十六東石、十七郭厝、十八營盤地、十九杉行街、二十後寮仔、二十一後車路、二十二船仔頭、二十三街尾、二十四宮後、二十五許厝埔、二十六牛墟頭、二十七安平鎮、二十八泊仔寮、二十九通港普、三十龜粿店、初一乞食寮、初二米粉寮、初三乞食無餔。」[63]

鹿港除了「街普」、「廟普」之外，尚有姓氏的大普，即各姓氏每十三年會舉行一次大普，因此除了上述的「普度歌謠」外，還有「大普歌謠」：「塘頭鼠，棧下牛，堂邊虎，蘇厝兔，後宅龍，埔仔蛇，紅窟馬，堂後羊，崙後猴，山仔雞，吳頭狗，後頭豬。」上面所列為泉州地名加上生肖，內容意指：王姓普子年，施姓普丑年，蔡姓普寅年，蘇姓普卯年，林姓普辰年，楊姓普巳年，洪姓普午年，黃姓普未年，其餘則姓氏不詳，有待進一步查證[64]。

63．你知道普度時，有所謂的囝仔普嗎？

「囝仔普」也有稱為「童子普」，它有兩種意思。囝仔普一是指專門超度嬰靈童靈的；另一種意思是指由一些童子舉行的普度，所以也稱「童子普」，這與超度對象為嬰靈童靈的「囝仔普」，意義是不一樣的。

一般陰曆七月的普度對象，會說是為了超度老大公好兄弟，也就是道教所稱的孤魂滯魄，有的也會說是孤幽，除了一般的男女孤魂滯魄之外，也會需要超度一群稚幼的嬰靈或童靈，而這群年幼的童靈所需要的祭拜供品，也與成年的孤魂滯魄所需不同。民間人士有心超度這群受苦的嬰靈和童靈，在準備的普度祭品上也很不一樣，因而針對這些幼小的嬰靈童靈的普度，又稱為「囝仔普」。

◆虎尾中元祭北區敬獻的豐盛囝子普供品／李秀娥攝

若以針對超度嬰靈童靈的「囝仔普」而言，「囝仔普」的祭品包括許多奶瓶內裝鮮奶、餅乾、小孩的各式玩具（手槍、鈴鼓、手搖鼓、博浪鼓、音樂電話、音樂鍵盤、玩具劍、芭比娃娃、樂高玩具、推土機、玩具車、彈珠）、作業簿、小孩衣物等等，琳瑯

63 感謝鹿港友人施雲軒先生熱心提供含鹿港和泉州對照的「中元普渡對照表」資料。

64 感謝鹿港友人施雲軒先生熱心提供含鹿港和泉州對照的「中元普渡對照表」資料。參見李秀娥，2004，《台灣民俗節慶》（台灣民俗藝術16），台中：晨星出版有限公司，頁157-158。李秀娥，2015，《圖解台灣民俗節慶》（圖解台灣07），台中：晨星出版有限公司，頁176。

◆ 斗六新興宮中元普度敬獻的嬰靈普度矮桌／李秀娥攝

滿目，在一般的普度桌旁就非常吸睛，端看敬獻者如何用心的準備了。

這些「囝仔普」有的是在其他一桌桌帶桌腳的普度桌旁，另外擺設沒有桌腳的「囝仔普」供桌，所以相當低矮，這是因體諒嬰靈和童靈個子一般尚未長高，方便他們看得到這些供品，可以輕鬆的享用和玩耍，好安撫這些受苦的嬰靈和童靈，也希望他們不會在陰間受苦而嫉妒人間的兄弟姐妹，或作弄尚在陽世的兄弟姐妹或父母，讓家人身體不舒適、生病治不好。

例如：雲林縣的虎尾中元祭，其中東區和北區每年都會準備非常豐盛的「囡子普」祭品，來超度這些受苦的孩童靈呢！一般民間多寫成「囝仔普」，而雲林虎尾一帶則寫成「囡子普」。雲林斗六新興宮每年的中元普度，也會特別擺放「囝仔普」的矮供桌，好來超度這些受苦的嬰靈和童靈。而台北內湖普恩宮在每年的中元祭典，也會擺放好幾桌的「囝仔普」供桌，除了請專門的師父誦經普度之外，還會有一群慈悲熱心的靈乩參與幫忙灑甘露水、超度這些嬰靈童靈，也都令人相當感動。

64．有些地方拜中元節的老大公好兄弟時，為何會準備摩訶糕和必桃（裂桃）？

有些民間的宮廟在舉行中元節的盛大祭典時，除了會準備非常豐盛的祭品，如白米、粽子、刈包、孤飯、豬公、全羊、牲禮、油、鹽、醬油、泡麵、餅乾、酒、罐頭類食品、米粉、飲料、水果、經衣（更衣）、銀紙、線香等，還會有供孤魂梳洗的臉盆、毛巾、牙刷、牙膏。道教法師也會在「蒙山施食」時，準備佛手、佛圓、花、米、錢幣、水果、餅乾、麵龜、撕開的刈金（冥財，衍申為發財之意）等，拋灑給台下等待的民眾搶拾，好賜予平安、財富。

在準備的普度供品中，有些地方還會準備一對對高聳的摩訶糕和必桃（裂桃），來施給老大公好兄弟，為何會準備這種特別的節慶飲食來施給孤幽呢？摩訶糕和必桃（裂桃）應是源於佛教祭典中，超度孤魂所需，而逐漸傳衍到其他地方宮廟會於中元祭典備辦相同祭品。「摩訶」譯義為「大、多、勝」[65]，而摩訶糕便是以麵粉摻糖，做成崇大美勝的糕點供品；而必桃（裂桃）是麵粉摻糖，做成形狀似仙桃，又指蒸到如笑裂的仙桃，也有為眾孤魂祝壽的吉祥意義。所以超度孤幽或四生六道眾生時，採用這種象徵崇大之糕的摩訶糕和笑似裂桃的必桃，都會讓受苦眾生感到歡喜與安慰，表現出準備普度供品者滿滿的誠意。例如：基隆中元祭就常常會擺放這

◆基隆奠濟宮慶讚中元普度供摩訶塔和裂（必）桃塔／謝宗榮攝

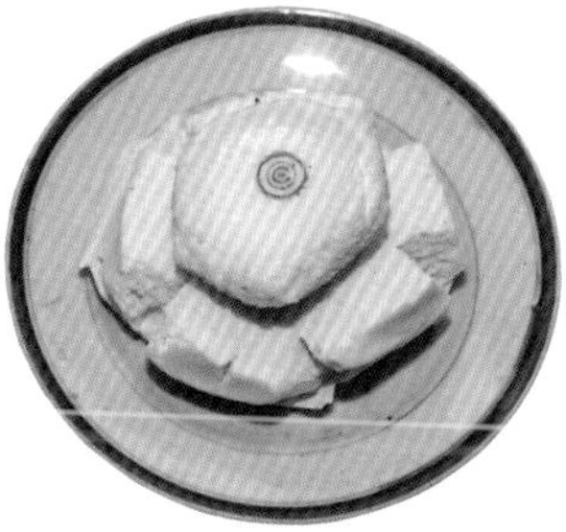

◆中元節普度孤魂用摩訶糕，象徵施予崇大美勝之糕／李秀娥攝

◆中元節普度孤魂用裂桃（必桃），有為孤魂祝壽之意／李秀娥攝

65「摩訶」譯義，參見陳義孝居士編，1999，《佛學小辭典》，台北：方廣文化事業有限公司，頁549。

種摩訶糕和必桃（裂桃）來當普度供品，台北市地區也流傳著敬獻此種普度供品的習慣。

而一般民家在中元普度時，則可以買少數幾個摩訶糕和必桃來當供品即可，這樣就能讓孤魂很開心了。但是有些地方不習慣準備這種普度供品，市場也沒有販售，當地無法配合的話，也就不用太執著費心張羅，採用其他供品一樣可以表達當事者的敬拜誠意。

65．拜中元節的好兄弟時，常見廟方會準備佛圓和佛手，佛圓和佛手代表什麼意義？

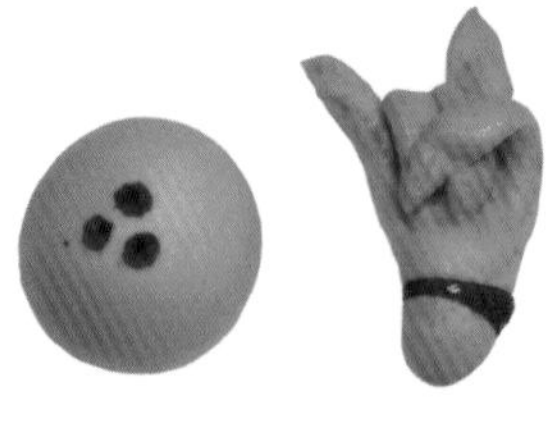

◆佛手有變化手印超度孤魂之意，佛圓有智慧圓滿之意／李秀娥攝

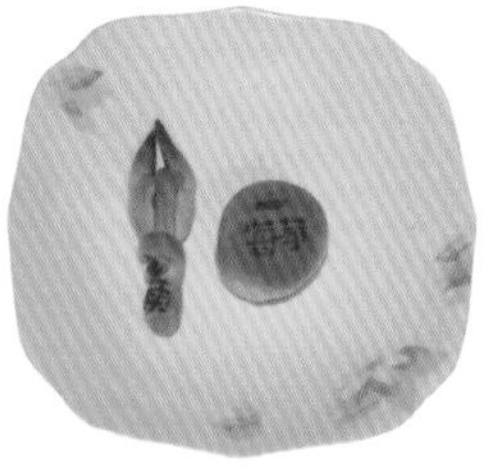

◆宮廟慶讚中元普度時會用的佛手（左）和佛圓（右）／李秀娥攝

每逢中元普度的日子屆臨時，一般民家皆會於是日設有豐盛的祭品祭拜地官大帝（三界公）和孤魂滯魄，拜三界公時，一般多從下午開始祭拜，祭品則有如拜天公，須準備頂下桌，頂桌準備三界公紙糊燈座、六齋或十二齋、水果、甜料等、紅牽、紅圓；下桌拜隨從神明，所以準備全副的牲禮、水果、甜料、紅麵龜等，北部民眾敬獻天金、大箔壽金、壽金、刈金、福金、高錢，現代有些民眾則簡單備一供桌祭拜而已，甚至不知也要拜三界公，而是特別重視普度好兄弟的祭拜。

下午普度拜好兄弟的供品要比初一時更豐盛，其中多會準備一盆空心菜湯，此本有提醒孤魂體悟「空無之心」的美意，但後來民間有些人士認為此舉表示祭拜者有心請客，無心留客，請孤魂勿逗留。

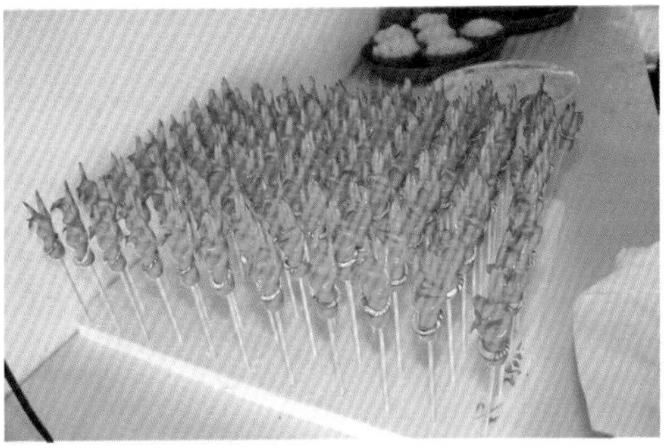

◆ 宮廟中元普度時敬備的許多佛手／李秀娥攝

◆ 慶讚中元宮廟以許多佛手和佛圓、糖果等一起施食，超度孤幽／謝宗榮攝

而寺廟所舉行的佛教盂蘭盆會或道教慶讚中元普度植福法會，在普度施食時，供品往往非常豐盛，其中較特別的是廟方多會準備許多麵粉製的小型「佛手」和「佛圓」，「佛手」為施食時所變化的手印，此有以手印化食無量及度化孤魂之意；而「佛圓」則有表示一切圓滿之意。

若民眾在普度台下取得法師或道長拋下的佛手時，一來可以直接吃食，保平安，二來也可以用香腳插在家裡的神明爐上，這樣據說也有保平安賜予智慧之意。若有飼養神豬參加比賽者，也可將佛手餵給神豬吃，據說這樣神豬會有機會長得又大又肥，健健康康少生病，也易得獎。

66．新埔褒忠義民廟慶讚中元時，神豬棚架內裝飾華麗的神豬，頭上插的一對金屬製「鳳凰金花」有何作用？

新竹縣新埔的褒忠義民廟每逢該廟的慶讚中元祭典法會時，總在拜天公的儀式前，參與賽神豬得獎的神豬都會被神豬彩棚車裝飾得美輪美奐，在傳統樂音的伴奏下，運送到廟

1 2 3
4 5 6

1. 新埔褒忠義民祭賽神豬裝飾華麗／謝宗榮攝
2. 新埔褒忠義民祭神豬身上插一對漂亮的鳳凰金花，為金飾店特製的／李秀娥攝
3. 新埔褒忠義民祭敬獻帥氣的神羊／謝宗榮攝
4. 新埔褒忠義民祭神豬身上右側的鳳凰金花／謝宗榮攝
5. 新埔褒忠義民祭神豬身上左側的鳳凰金花／李秀娥攝
6. 新埔褒忠義民祭神豬身上金屬製的鳳凰金花／李秀娥攝

前廣場，依序排列，敬獻給玉皇上帝，也供民眾駐足圍觀。

而部分得獎的神豬除了聘請專業師傅特別在黑神豬的豬毛上雕花，並會在頭上插上一對鳳凰金花，是由金屬打造而成、像鳳凰圖案般亮麗的金花，也是由獲獎的信士特地請金飾店打造的裝飾物，造價昂貴，比一般的紙糊金花華麗許多，製作上也較費工費時，所以往往會吸引許多民眾的目光，紛紛拿起相機或手機拍照留念。敬獻的信士懷抱著不惜鉅資也要以世間美好的飾物裝扮神豬，一起敬獻給玉皇上帝的信念。

67．普度好兄弟時，為何要準備空心菜湯？

一般民間各宮廟或是民家在中元普度時期，於下午或晚上（戌時：7點到9點）普度好兄弟時，供品要比陰曆七月初一開鬼門時的祭拜更豐盛許多，各宮廟或家家戶戶無不花費諸多心力或財力，敬備供品祭拜眾孤幽或孤魂滯魄。

在眾多供品中，常見會準備一盆空心菜湯或一大桶空心菜湯，此在佛道寺廟都有此俗，本有提醒孤魂體悟像《金剛經》或《心經》般所強調的「空無之心」，以「空心」菜，同名勸誡眾孤幽遠離執著心無明狀態，體悟無中求慧的般若智慧。但後來民間有些人士卻將供奉空心菜之舉，解釋為表示祭拜者有心請客，無心留客，請孤魂勿逗留，將來也勿纏擾之說。這樣的解釋就與佛教師父借空心菜之下施三惡道，原本欲傳達提醒孤魂體悟空性不執著的智慧境界差很多了。

◆中元普度習慣準備一道空心菜湯，此有提醒孤魂體悟空性，去除執著／李秀娥攝

◆中元普度習慣拜一道空心菜湯，提醒孤魂體悟空性智慧，不起執著心／李秀娥攝

68．普度好兄弟時，為何有些地方會準備一盤好幾樣的新鮮蔬菜當供品？

台南地區或部分地方的民眾在中元祭典期間普度好兄弟時，除了會準備豐盛的普度供品之外，還會特別準備一盤由幾樣新鮮蔬菜組成的供盤，此用意據說來自於敬獻者直接用幾樣新鮮未煮的蔬菜，藉由「生蔬」的台語發音同「生疏」，來表達與所祭祀的對象好兄弟（眾鬼魂）之間關係不熟，祭拜日過後請勿時常來相找，造成干擾或纏擾的現象。

因為一般人對於鬼魂還是十分恐懼，也深怕被鬼魂作弄或要脅，認為最好採取敬而遠之的態度，不想與之太親近，所以藉由敬獻好兄弟幾樣新鮮蔬菜來表達關係的「生疏」，這種呈現方式也是一種很有趣的民俗表徵。

69．普度時為何會有紙糊的大士爺？祂有何作用？

台灣宮廟每逢陰曆七月中元普度法會或建醮時，較講究者會事先請傳統紙糊匠師製作各式紙糊工藝，常見的有普陀巖或大士爺、山神、土地神、翰林院、同歸所，以及金山和銀山等。在眾多大型紙糊神像中，其中最受矚目的即是職司監管孤魂、守護普度場的大士爺。大士爺一般常見於佛教「盂蘭盆會」普度場合，出自於佛教焰口經的「面然大士」（或稱「焦面大士」），而道教則稱為「羽林大神」，但台灣民間源於佛教信仰之普及，幾乎多以大士爺為主。大士爺紙像最明顯的特徵為頭上頂著一尊觀音菩薩像，民間信仰認為大士爺即為觀音大士所化，因見普度場上惡鬼搶奪布施的食物，使前來受食的孤魂無法順利領受，因而心生慈悲即變現出凶猛之像，用以鎮懾惡鬼，使勿欺壓眾孤魂。大士爺的設置主要是為鎮守普度場，故在進行普度儀式之前，即將其與翰林院、同歸所與五方童子等，請至普度場上使之面對普度壇，謂之「大士出巡」，在普度完畢之後，則予以火化。

台灣常見的傳統大士爺紙像，一般採立姿造型，其尺寸常見的為四尺到六尺之間，安置於一座高約三至四尺的紙紮台基上；而客家地區的大士爺則較為巨大，通身約八尺高，造型也略有不同。台灣民間大士爺的造型在特徵上雖然多十分相近，但也隨著紙糊匠師之巧思而有細部上的差異。除了頭上的觀音菩薩像之外，其主要特徵為青面獠牙，額長犄角，口吐火焰長舌，身著甲冑，手持一面可以號令孤魂的「太微旗」等。近年有出身於藝術學校科班的匠師，將西方雕塑手法帶進紙紮藝術，使得大士爺的造型更為生動，除了尺寸比起傳統所見都要來得巨大之外，在臉模、服飾、手勢方面都與眾不同。臉色仍以青藍色為主，但其間又增加深淺不同的變化，使其富有生動、可怖的臉譜；在身上的甲冑之上，又增加如腰前的「獅吞」等裝飾，使之呈現出威武的姿態，最突出的是其手部，完全以色紙糊塑出立體的造型，堪稱是大型紙糊工藝的精湛表現[66]。

66 謝宗榮、李秀娥，2016，《圖解台灣民俗工藝》（圖解台灣11），台中：晨星出版有限公司，頁116，略經修改。

◆ 新北市三重區先嗇宮宗教藝術節中元坐姿大士爺，李清榮作／謝宗榮攝

◆ 雲林虎尾中元祭中區普度大士爺／李秀娥攝

◆ 高雄小港龍湖巖體型巨大的坐姿大士爺，陳志良作／謝宗榮攝

1 3
2

1. 高雄果菜批發市場中元普度大士爺／李秀娥攝
2. 高雄果菜批發市場中元普度的山神／李秀娥攝
3. 高雄果菜批發市場中元普度的土地神／李秀娥攝

在普度的紙糊物件中，其中山神和土地神多為配合大士爺一起出現，成為其龍、虎邊的護衛，因為普度場上所招請的眾孤魂皆來自山河大地，山神即當境山岳之神，土地神即當境土地之神，是道教神譜中最基層的一對境神，其神像的形式主要有立姿和帶騎兩種。山神的造形多作紅臉、黑髯、身穿鎧甲的武將裝束。立姿的山神紙像雙手捧笏板於胸前，帶騎的山神跨騎一匹青獅，背後插有四隻三角旗（稱「背五鋒」），手中持一把大刀，十分威武，與土地神形成一武、一文的對照，是儀式壇場外最基本的壇場守護神[67]。

法會中的土地神又常被稱為福德正神，即民間所熟悉的土地公。因為普度場上所招請的眾孤魂皆來自山河大地，其中土地則歸土地公（福德正神）所管轄，人死亡後，亡魂也歸土地公帶引，墳地多以「后土」神稱之。

土地神紙像在祭典中被供奉於壇場門口之右，與山神相對，是儀式壇場外最基本的一對壇場守護神。土地神紙像的造形多作白臉、白髯、身穿古代員外服飾。立姿的土地神紙像雙手捧元寶於胸前，因其被民間視為賜財之神；帶騎的土地神跨騎一匹黃虎，雙手亦常見捧有一枚元寶，面容慈祥，與山神形成一文、一武的對照[68]。

這些巨型的紙糊大士爺和山神、土地神，由於紙糊工藝的精湛與設色的豐富變化，往往成為普度場上非常吸睛的焦點，除了有宗教功能外，也是民俗工藝具體展現的一環。

---

67 謝宗榮、李秀娥，2016，《圖解台灣民俗工藝》（圖解台灣11），台中：晨星出版有限公司，頁123。
68 謝宗榮、李秀娥，2016，《圖解台灣民俗工藝》（圖解台灣11），台中：晨星出版有限公司，頁124。

70‧普度時廟方準備安奉好兄弟的臨時屋厝為紙糊的「翰林院」和「同歸所」，你知道同歸所裡為何還分男堂女室嗎？有些還會另有一座紙糊「沐浴亭」，有何用意？

每年陰曆七月，俗稱鬼月，民間俗稱孤魂滯魄為「好兄弟」，每當七月十五日為三官大帝（俗稱三界公）之一的「地官大帝」聖誕日，故民間廟宇或民宅皆會舉行「慶讚中元」的祭祀活動，亦即敬備豐盛供品祭拜三界公。且廟宇會在中元節當天，或在該月擇一固定吉日的下午或晚上，舉行中元普度法會，重點是祈請道教的太乙救苦天尊賜予甘露水，以手印變食，將普度的豐盛食物，以一化百、以百化千、以千化萬，供給諸多無形的好兄弟享用，並且招請好兄弟前來聽經聞懺，發心懺悔諸惡行，悟道向善，得以超生西方或仙界。

1 2
3 4

1. 南鯤鯓代天府慶讚中元整組的紙糊普陀巖，吳文進作／謝宗榮攝
2. 南鯤鯓代天府慶讚中元的紙糊普陀巖和大士爺，吳文進作／謝宗榮攝
3. 南鯤鯓代天府慶讚中元的紙糊翰林所，吳文進作／謝宗榮攝
4. 南鯤鯓代天府慶讚中元的紙糊同歸所，吳文進作／謝宗榮攝

故此，中元普度所需的物品，有紙糊的大士爺（或普陀岩）、山神和

1 2
3 4

1. 台南安平城隍廟的紙糊同歸所，還分男堂女室／李秀娥攝
2. 台南安平城隍廟的紙糊翰林所／李秀娥攝
3. 台南安平城隍廟的紙糊銀山／李秀娥攝
4. 台南安平城隍廟的紙糊金山／李秀娥攝

土地神兩尊；供有功名的將相文武官員所居住的翰林院（或寒林院）一座，供一般無主孤魂居住的同歸所一座，同歸所還會分男堂女室，因為古代非常重視禮法，男女授受不親，所以就連孤魂的住所也要男女有別。有些還會特備男堂女室的沐浴亭一座、招待所一座。等於彷如人間居住的盥洗室、招待所皆有了，這同樣表現出人間招待這群受苦的往生孤幽的體念之心，是敬供他們遠途勞頓的梳洗、換穿乾淨衣物、暫時接待的住所。

◆台南安平城隍廟的紙糊大士爺和沐浴亭／李秀娥攝

71．供孤魂安奉的紙糊屋厝有的地方寫「寒林院」，有的地方寫「翰林院」，有何區別嗎？

台灣的民間廟宇在普度祭典中，盛重者都會請紙糊匠師製作一些紙糊物件，包括大士爺、山神、土地神、翰林院（或是寫成寒林院）、同歸所，還有金山、銀山，以上是基本的紙糊物件。更隆重者，如南部的靈寶道派法師還會交代要加上沐浴亭、招待所等供給孤魂使用。

上述的紙糊物件中，翰林院（或是寫成寒林院）、同歸所、沐浴亭、招待所、金山、銀山都是要送給孤魂使用的。一般人比較會感到困惑的是，究竟為「翰林院」還是「寒林院」？甚至有人還會當場為此爭執起來。

1 2
3 4

1. 三峽清水祖師廟中元的紙糊普陀巖／謝宗榮攝
2. 台南安平城隍廟的紙糊普陀巖／李秀娥攝
3. 三峽清水祖師廟中元的普陀巖上各式戲齣人物／謝宗榮攝
4. 基隆中元祭整組的紙糊大士爺、同歸所和翰林院／謝宗榮攝

寒林院為中元普度、醮典、法會中接引而來的孤魂滯魄棲息之所，通常安奉在大士爺的龍邊（傳統方位：左側）。寒林院於台灣民間多稱為翰林院，通常和同歸所成對設置。在台灣一般的道教教派或民間普遍流傳的，習慣寫成「翰林院」的通常是將「翰林院」和「同歸所」配對，分別擺放在大士爺的龍、虎邊。源於民間社會特別重視四民之首的士大夫階層與具有功名的讀書人，因此在進行普度儀式時，多將供奉客死他鄉的官員與士子的場所獨立出來，名為「翰林院」，以別於一般沒有功名的孤魂滯魄。翰林院的造形多作傳統單開間宮殿，有時更作重簷的宮殿，在屋頂與屋身都施以雕龍畫棟，並重樓之內書寫「聖旨」字樣，以凸顯所接待者不同於一般孤魂之身分。

翰林院內部會以紅紙書寫「歷代文武聖賢香位寶座」，上、下門聯寫著「綠水青山千古在，清風明月一時情」，橫批「同登道岸」，講究者裡面會設置桌椅、浴缸、馬桶等設施。翰林院設置之後，在醮典期間每日都要進行獻供；醮典末日普度或中元普度結束之後，同大士爺等一起火化以送孤[69]。

至於「同歸所」則是供給無考取功名的一般男女孤魂所居住之房舍，而台灣的釋教法師所主持的普度祭典中，則習慣交代要紙糊師傅糊一座普陀巖，加上「寒林院」和「同歸所」等。他們認定孤魂死後，如同處在陰森寒冷的林中受苦受凍，淒淒慘慘淒淒，所以更需要藉

◆ 三峽清水祖師廟的紙糊翰林院／謝宗榮攝

◆ 三峽清水祖師廟的紙糊同歸所／謝宗榮攝

由佛道的神佛菩薩解救他們出離痛苦，因此主張寫成「寒林院」，認為「寒林院」和「同歸所」是供給孤魂安奉的住所，就未特別區分有無功名了。

同歸所亦為中元普度、醮典、法會中提供孤魂滯魄棲止之所，通常安奉在大士爺的虎邊（傳統方位：右側），由糊紙方式製作。同歸所通常與翰林院（寒林院）對稱，所招待的是十方男女無主孤魂滯魄，取萬善同歸之意。其造形多作單開間的傳統民宅式樣，在裝飾上則不如翰林院之華麗，有時也區分為男堂、女室。同歸所內部會以紅紙書寫著「本處一切十傷男女無主孤魂香位」，上、下門聯書寫「悲風凜凜空思切，夜雨濛濛哭斷腸」，橫批「超登仙界」，講究者裡面會設置桌椅、浴缸、馬桶等設施。同歸所設置之後，在醮典期間也均需每日進行獻供，醮典末日普度或中元普度結束之後，同大士爺等一起火化以送孤[70]。

69 參考謝宗榮、李秀娥，2016，《圖解台灣民俗工藝》（圖解台灣11），台中：晨星出版有限公司，頁124，略經修改。
70 參考謝宗榮、李秀娥，2016，《圖解台灣民俗工藝》（圖解台灣11），台中：晨星出版有限公司，頁126，略經修改。

◆士林芝山巖中元祭紙糊寒林院／謝宗榮攝

◆士林芝山巖中元祭紙糊普陀巖／謝宗榮攝

◆士林芝山巖中元祭紙糊同歸所／謝宗榮攝

72．民間常説陰曆七月請普度公來坐鎮，普度公究竟是誰？

民間常有陰曆七月普度期間會請普度公蒞臨坐鎮，而普度公究竟是誰？其實並沒有統一的說法。有的人士認為普度公就是中元公，也就是慶讚中元的地官大帝，當天是為其行祝壽典禮，下午再普度孤魂的。傳說地官大帝主赦罪，所以中元節祈請地官大帝為信徒與眾生赦免罪愆，也是很重要的，先懺悔赦罪了，天神的賜福才更能發揮作用。

也有人主張普度公即是大士爺，大士爺在佛教尊稱為「鐵圍山內面燃大士菩薩」，又稱「焦面鬼王」、「焰口鬼王」、道教神銜為「幽冥面燃鬼王監齋使者羽林大神普渡真君」，通稱「羽林監齋普渡真君」，簡稱「羽林大神」、「普渡真君」[71]。民間一般將普度俗寫成「普渡」，所以在此會書寫成普渡真君，然而在道長的普度科儀書中，其實都寫成「普度」，所以按理應寫為「普度公」才是。

大士爺主要監管孤魂，鎮壓普度場，免得惡鬼作崇擾亂普度場的秩序，而且其頭上頂著一尊白衣大士的觀音菩薩，象徵祂就是觀音大士所化，而觀音大士也以楊枝淨水灑甘露，慈悲化解焰口餓鬼口中的火焰，使他們能享用法食，因此大士爺和觀音大士在場坐鎮，對安撫孤幽發揮很大的作用。而普度時，許多廟宇多會延聘紙糊匠師製作大士爺或山神土地等護衛配置在普度場，每每因為廟方多有迎請大士爺坐鎮普度場，所以有人認為普度公理所當然就是大士爺。

◆ 新竹市大眾爺廟紙糊大士爺或普度公／李秀娥攝

71 大士爺神銜名號在佛教和道教的說法，參見《維基百科》（自由的百科全書）「面燃大士」條。

中秋節

73．中秋節期間，為何農地上會安插土地公拐？

◆中秋節民眾前往大龍峒萬和宮給土地公祝壽／謝宗榮攝

由於中秋節（陰曆八月十五日）時，正逢古代民間重要社祭「春祈秋報」祀社公之時，所以八月十五日中秋，除了是太陰娘娘的聖誕日外，也是土地公的聖誕日，故需祭拜土地公，以感謝福德正神土地公長年庇佑農作豐收，居民會敬備牲禮、水果（特別是柚子）、月餅到福德祠上香或是在家敬奉土地公。

傳統習俗中，主要從事稻田、樹園、蔬果園等農作者，一般會在該日於稻田或農田的一隅安設「土地公拐」，即在竹枝頂端剖開處，塞著土地公金（福金或四方金）或刈金夾著三炷香，也有的會在土地公金加上幾張黃色古仔紙（作用類似金白錢），一起夾著線香綁著敬獻給土地公和其坐騎虎爺，並備簡單的果品、餅乾、紙錢敬拜土

◆ 中秋民家敬備供品犒軍／謝宗榮攝

◆ 農民祈求稻穗飽滿，年年豐收／李秀娥攝

地公，請祂老人家代為看顧農田，以期該年的農作豐收。

然而時代變遷，多數從事農作的居民已不再保有此一習俗，所幸台灣仍有一些堅持傳統生活習俗的農民，仍維繫著此一純樸風俗，例如：南投市和草屯、鹿谷、彰化芬園、台中等地鄉間，都還可以見到農家於中秋安插土地公拐的習俗。

◆ 中秋草屯農民在稻田插土地公拐／李秀娥攝

◆ 中秋南投市農民在稻田插土地公拐／李秀娥攝

重陽節

74．重陽節時，民間習俗要祭祖，有的人士採取「作總忌」，什麼是「作總忌」？

重陽節是非常古老的節日，古代傳說強調要登高避禍。直至一九七四年，政府取「九九重陽」為「長久長壽」之意，因而定是日為「敬老節」、「老人節」，各地方政府機關單位或各姓氏的宗親會或廟宇，往往會於該日舉行「敬老節」的慶祝活動，以示傳承敬老尊賢的文化美意。又因該節秋高氣爽，所以民間有盛行「放風箏」之俗。

至於移居台灣的部分漳州人，習慣於重陽節當日午前，一起祭祀所有祖先，並舉行「作總忌」，此因古代的農業社會，一般民家生活物資欠缺、經濟條件不佳，無法為較久遠的祖先們一一分別舉行忌日，因而為了省錢省時省事，統一於重陽節當天祭拜所有祖先們，除非是新亡不久的祖先，才會單獨為其忌日來敬拜，故而有「作總忌」之稱。

此時供品會較為豐盛，因為要宴請歷代祖先、歷代公媽前來接受後世子孫的祭拜，民間人士普遍十分重視祖先祭拜之禮俗，這也是國人表達慎終追遠精神的孝思表現。

◆民家重陽節祭祖，為歷代祖先一起作總忌／李秀娥攝

◆重陽節民家供便菜飯和碗筷來祭祖／李秀娥攝

冬至

75．你知道古代夏至是天子祭地的日子嗎？

據《欽定古今圖書集成經濟彙編禮儀典》第一百七十九卷載，引《南齊書》〈禮志〉記載，南齊廢帝時步兵校尉何佟曾建議：「蓋聞聖帝明王之治天下也，莫不尊奉天地，崇敬日月，故冬至祀天於圓丘，夏至祭地於方澤，春分朝日，秋分夕月，所以訓民事君之道，化下嚴上之義也。」[72]此段記載明確闡述聖王要治理天下，須懂得天地日月之神的崇奉，對不同的崇祀對象與祭祀時間，也依自然節氣的不同而有差別對應，故冬至祀天、夏至祭地、春分朝日，秋分夕月。又因天圓地方，所以冬至祭天於圓丘，夏至祭地於方澤。

《南齊書》〈禮志〉又續言：「佟之以為，日者太陽之精，月者太陰之精，春分陽氣方來，秋分陰氣向長，天地至尊，用其始，故祭以二至，日月禮次天地，故朝以二分，差有理據。」[73]此段是何佟說明因天地至尊至貴，所以祭祀時採取時令的開始，故而選擇冬至祭天、夏至祭地。

只是古代流傳的夏至祭地習俗，隨著清代宮廷政權的沒落，改朝換代而成為現代化民主社會後，這些習俗早已為世人所遺忘了。

72 清代陳夢雷編，1977，欽定《古今圖書集成》〈禮儀典．日月祀典部彙考一〉（第一百七十九卷），第七一八冊之二二葉。台北：鼎文書局，頁禮儀典 -1719。

73 清代陳夢雷編，1977，欽定《古今圖書集成》〈禮儀典．日月祀典部彙考一〉（第一百七十九卷），第七一八冊之二二葉。台北：鼎文書局，頁禮儀典 -1719。

76．你知道古代冬至是天子祭天的日子嗎？

如前所述，據《南齊書》〈禮志〉記載，南齊廢帝時步兵校尉何佟曾建議：「……故冬至祀天於圓丘，夏至祭地於方澤，春分朝日，秋分夕月，所以訓民事君之道，化下嚴上之義也。」[74]說明了古代聖王要治理天下，須懂得祭祀與節氣的關聯。

《南齊書》〈禮志〉又續言：「佟之以為，日者太陽之精，月者太陰之精，春分陽氣方來，秋分陰氣向長，天地至尊，用其始，故祭以二至，日月禮次天地，故朝以二分，差有理據。」[75]此段則是何佟進一步說明因天地至尊至貴，所以祭祀時採取時令的開始，故而選擇冬至祭天、夏至祭地。

在台灣雖然一般人可能不太瞭解原本冬至是天子祭天的重要日子，冬至也曾經一度是古代的新年期間，陰曆新正是後來才修定為過年日的，但是民間卻仍保留冬至祭拜祖先，供湯圓祭神祭祖，大家吃了湯圓也從此多長一歲的說法。

77．為何民間習俗吃完冬至圓，我們就多長了一歲了？

周代已有冬至的習俗，漢代以後，冬至更為隆重，《唐書．禮樂志》載：「皇帝元正，冬至，受群臣朝賀，會前一日，設御幄於太極殿。」又說：「元正，歲之始；冬至，陽之復，二節並重。」說明冬至在唐代時已與新年並重，所以民間有「冬至大如年」的說法[76]。在我國古代

◆象徵金玉滿堂的紅湯圓和白湯圓／謝宗榮攝

曆法中冬至日曾被視為一年之始，也是祭天的重要日子，所以冬至吃湯圓象徵著過完一年、迎接新的一年、又增長一歲，故稱「亞歲」。

宋代時，民間會相當熱鬧地慶祝冬節，據《東京夢華錄》卷十載：「十一月冬至，京師最重此節，雖云貧者，一年之間，積累假借，至此日更易新衣，備辦飲食，享祀祖先，官放關撲，慶賀往來，一如年節。」[77] 所以當時不論京師或民間百姓，慶祝冬至一如過年節，穿新衣、祭祖先、親友相互祝賀、大吃大喝，好不熱鬧。

演變至今，雖已無天子祭天儀式，民間卻仍保留冬至祭拜祖先，供湯圓祭神祭祖，大家吃了湯圓也從此多長一歲的說法。

74 清清代陳夢雷編，1977，欽定《古今圖書集成》〈禮儀典．日月祀典部彙考一〉（第一百七十九卷），第七一八冊之二二葉。台北：鼎文書局，頁禮儀典-1719。

75 清代陳夢雷編，1977，欽定《古今圖書集成》〈禮儀典．日月祀典部彙考一〉（第一百七十九卷），第七一八冊之二二葉。台北：鼎文書局，頁禮儀典-1719。清代陳夢雷編的欽定《古今圖書集成》〈禮儀典．日月祀典部彙考一〉。

76 阮昌銳，1991，《神誕與歲時》，台北：臺灣省立博物館，頁299。

77 阮昌銳，1991，《神誕與歲時》，台北：臺灣省立博物館，頁299；清．周璽，1993[1836]，《彰化縣志》，南投：台灣省文獻委員會，頁287。

◆冬至剛煮好的紅白湯圓以備敬神和祖先，吃了湯圓就多長一歲了／李秀娥攝

◆冬至民家以五行湯圓祭祖／李秀娥攝

78. 古代有「餉耗」習俗，為何冬至圓祭拜後，要將湯圓黏在門窗上？

從前，冬至祭拜後，需將冬節圓黏於門扉、窗戶、桌椅、床櫃等處，稱為「餉耗」，清代王瑛的《鳳山縣志》記載：「十一日冬至，家作米丸，祀先禮神畢，卑幼賀尊長者，節略如元旦。有祖祠者，合族祭之，謂之祭冬。家團圓而食，謂之添歲。即古所謂亞歲也。門扉器物，各黏一丸，謂之餉耗。」而清代周璽的《彰化縣志》載：「冬至節，家作米丸祀先，門戶器物，皆黏一丸，謂之餉耗。前一夕，小兒將米丸塑為犬豕等物，謂之添歲。」[78]

可知至少在清代時台灣便已流傳古俗，過冬至日有如過年般，會舉家祭祖祠，小孩會用米丸湯圓捏塑豬狗等雞母狗仔以敬拜祖先，做湯圓黏貼門窗等以餉耗神（指酬神），犒賞這些窗牖神及家具神等一年來的辛勞守護。待冬節圓乾燥後，拿下來煮給小孩吃，民間相信這樣可以庇佑孩子快些長大，但現代社會已罕見此傳統，只有極少數在鄉間仍沿襲古時節日習俗的民家，會保有此俗。

1
2
3

1. 冬至民家以紅白湯圓祭祖／李秀娥攝
2. 古俗有以冬至湯圓黏貼門窗，用以餉耗酬謝門窗神守護平安／李秀娥攝
3. 以冬至湯圓貼窗上，作為餉耗以示感恩窗戶神的守護平安／李秀娥攝

79．以前每當冬至祭祖，民眾會特別準備雞母狗仔，「雞母狗仔」是什麼？

傳統上，冬至拜神明時，應準備全副的牲禮、四果、應節的湯圓（冬節圓）和菜包；拜祖先，則必備剖開的牲禮、米飯、五味碗、湯圓、雞母狗仔、菜包等。冬至的湯圓、雞母狗仔和菜包等應節供品，昔日一般是在前一天晚上準備好的，當大人準備糯米搓湯圓時，小孩則在一旁把圓仔糟（指作湯圓的原料）染上各種顏料，再以巧手捏出各式頗具童心的雞、鴨、狗、貓、兔等圖案各異的「雞母狗仔」，狀似捏麵人，再蒸熟以祭祖。

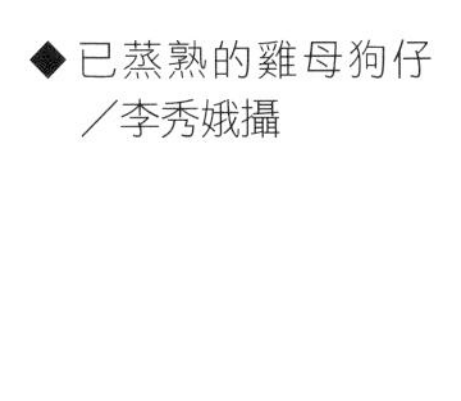
◆ 已蒸熟的雞母狗仔／李秀娥攝

◆ 傳統習俗冬至會做雞母狗仔蒸熟後用以祭祖／謝宗榮攝

現代則多購買現成的湯圓來祭拜，因此已罕見有人手作雞母狗仔作為供品。不過民間仍有少數地方有老人家還保留手工製作，逢過節時會出來擺攤販售。有些是具民俗才藝的美勞老師，會在舉辦這種民俗慶典節日活動時，應官方或民間主辦單位邀請，現場製作或做親子教學，此外，也有美術班的才藝課會特別聘請美勞老師，教導小朋友製作現代的雞母狗仔，這種時刻往往是充滿節慶的民俗趣味與歡樂感。

78 阮昌銳，1991，《神誕與歲時》，台北：臺灣省立博物館，頁299；清・周璽，1993[1836]，《彰化縣志》，南投：台灣省文獻委員會，頁287。

尾牙

80．你知道尾牙時民眾習慣拜刈包或潤餅嗎？

台灣民間「尾牙」的習俗由來已久，清代的《淡水廳志》記載：「十二月十六日，郊戶以牲醴祀福神，曰『尾牙』」，《噶瑪蘭廳志》也記載：「臘月十六日，街衢名鋪祀土地神，牲醴備極豐盛，謂之尾牙。以前二月二日為頭牙，蓋此為讌飲牙戶及春去留伙計而設。」[79]

俗語說「頭牙沒作，尾牙空；尾牙若擱再沒作，就不親像人」，意思是說做生意的人，頭牙若沒作的話，到了年尾的尾牙，錢財就會空空如也，土地財神便不會特別庇佑；到了尾牙再不祭祀感恩的話，簡直就不像人，這句話是用來奉勸民眾注意頭牙和尾牙的祭拜，神明才會庇佑財富興旺。

頭牙是陰曆正月初二或二月初二，而尾牙則是陰曆的十二月十六日，冬季的尾牙有吃刈包或潤餅的習俗，但北部民眾尾牙雖習慣這麼吃，中南部民眾則很少吃刈包。

刈包在民間也通稱「虎咬豬」，據說有「福咬住」的吉利諧音，形狀也象徵錢袋飽滿，加上是麵皮開口內夾焢肉、酸菜、花生糖粉、香菜，口感極佳，所以頗受大眾所歡迎。也有人說豬是象徵比較不好的惡事、壞事，都被象徵福氣的老虎給吃掉了，表示厄運遠離，福氣將至，並可以留住福氣之意。潤

79 阮昌銳，1991，《神誕與歲時》，台北：臺灣省立博物館，頁303。

◆台灣北部民眾習慣尾牙吃刈包，也稱虎咬豬，諧音福咬住，且形似荷包，有福氣滿滿、財富滿滿之意／謝宗榮攝

◆尾牙時素食者則準備素食刈包／李秀娥攝

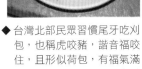

餅則形狀像似捲成圓筒一串貫錢樣，也是象徵財富飽滿之意[80]。

作尾牙是感謝土地公一年來對信眾的農作收成與事業生意順利的庇佑，所以會比平常的作牙日更為隆重的祭祀，且各公司行號的民眾會在公司、家中或餐廳犒賞員工或是親友聚餐，以慰勞員工一年來的辛勤。傳統習俗中，老闆會在聚餐時將雞頭對準將要被辭職的員工，作為提示。

◆尾牙商家以刈包和菜餚、水果等供品拜門口／李秀娥攝

因而過往有句俗諺：「吃頭牙捻嘴鬚，吃尾牙面憂憂」因為吃尾牙餐宴時，會不會突然被頭家（老闆）辭退工作還不確定，故心裡會忐忑不安。至於員工能夠吃到頭牙餐宴，則表示新年工作仍有希望，不用擔心，而現代人已較少用雞頭對人來表示欲辭退員工了，而且大型企業主往往非常重視尾牙宴會，競相花費鉅資邀請國內外知名的藝人歌手蒞臨表演，規劃員工摸彩活動抽尾牙禮品，在在皆希望員工開懷歡度尾牙盛宴。

80 原始資料參見中時新聞網網站，李珮雲綜合，2017.1.13，〈為什麼尾牙要吃刈包？別再說你不知道了！〉李珮雲原文文章參考來源：廣達文教基金會。上文已經筆者調整改寫。

送神

81．臘月廿四日清塵送走司命灶君後，家裡還有其他天神來監察人間善惡嗎？

傳說每年陰曆的十二月為臘月，十二月廿四日為「送神日」，民間俗稱「過小年」，也有地方習俗是以十二月廿三日送灶君或送神的。該日是身在人間鑒察人們言行善惡的灶神（灶君），一年一度返回天庭向玉皇上帝稟報人間善惡的重要日子，決定來年人們的吉凶禍福，因此要特別準備相關祭品獻給灶神，希望祂不要說太多人們的壞話。

民間傳說灶君原為玉皇上帝的三太子，因為動了凡心，所以被玉帝懲罰至人間的廚房灶內，終日與婦女相處，幸無不軌之事發生，故日後繼續留在人間作為監察人間言行善惡的地神。故民間流傳的灶神神禡常寫著兩句對聯「上天言好事，下界保平安」或是「有德能司火，無私可達天」。

但送神後，次日十二月廿五日即「天神下降日」，會有天神降臨民家，暫時接替灶君之職繼續監察人間善惡，直到正月初四「接神日」，灶神才重返人間繼續其任務。又俗稱「送神風，接神雨」，是期望諸神能有風神協助早些

◆ 安奉在廚房的九天司命灶君香位／李秀娥攝

◆ 送神日上香送司命灶君返回天庭述職／李秀娥攝

升天；正月初四接神則希望下雨，視之為天神下凡所攜來的甘霖神雨。

民間傳說「送神早，接神晚」，所以一般會從十二月二十四日的子時起，便先祭拜再就寢，好早早送灶神回天庭述職，也使灶神可以上天庭占個好位子；又或是當天一早再祭拜送灶君。傳統民家中會在廚房灶上牆壁安置灶君神位，以一紙作神禡為主，設一香爐，早晚上香祭拜，所以當送神日時，供桌多設於該神像前的下方。但後來許多家庭神明廳的神明彩上，多設有灶君神像，故而民家多已不在廚房另設灶君神位，所以送神日時供桌多改設於神明廳前。

供品主要是牲禮（三牲）、水果、甜湯圓、甜粿、糖果、酒、燭等。傳統上特別重視甜食類的供品，希望讓灶君吃到甜頭，就不會向玉帝打人間的小報告；昔日原本在廚房供奉紙張印製的神禡灶君時，還需將祭拜完的湯圓黏在灶君嘴邊，象徵使灶君嘴角生甜；或是將牲禮中的豬油抹在灶君嘴邊，再用酒淋灑在灶君臉上，象徵灶君嘴角油膩已酒足飯飽，就不會向玉帝打人間家戶的小報告了。

送走灶君之後，才可進行「清塵」的打掃活動，神桌上的神像、祖先牌位才可搬動以擦拭灰塵，並清理香爐、去除燭台積累的燭油，進行大掃除，以迎接新的一年。大掃除也有掃除一年積累晦氣之意，稱為「清黗」或「清塵」。

◆送神日民家敬備供品祭拜灶君／李秀娥攝

◆台北地區使用的雲馬，為接送灶君往返天庭述職的紙錢／謝宗榮攝

◆南投地區使用的雲馬，為接送灶君往返天庭述職的紙錢／謝宗榮攝

◆玻璃彩繪的司命灶君／謝宗榮攝

中午過後，方可撕下灶君神像曬乾焚化，重新換上一幅新的灶君神像。傍晚則供上三杯清茶、三柱清香，以示敬灶君，且有煥然一新、香火綿延之意。

古俗有「男不拜月，女不祭灶」之說，意即婦女雖然長年在廚房料理三餐，但卻不負責拜廚房灶君，遠古灶君原為女性神，後來則轉換成男性神，民間傳說灶君為美男子，男女授受不親，故灶君皆由男性祭拜，若萬不得已需由女性負責祭拜時，戴上斗笠讓灶君看不清男女即可；而拜月娘向來皆由女性祭祀，男性則不負責拜月娘，此亦有月神為女性，男女有別，以免褻瀆月神[81]。

陰曆十二月廿五日為「天神下降日」，這是相傳前一日民間送走灶神等神明上天述職後，天上會另派天神下降來到人間家庭，暫時代替灶神等監察巡視人間善惡與行事功過等；也有說是玉皇上帝率領天神天兵等降臨人間，替代廿四日所送走的神明巡察，並且賜予吉祥福氣的。一般在該日，傳統的家庭會敬備清茶、果品、甜糖等敬祀神明，而且當天敬香不斷，由不斷冉冉上昇的香煙裊繞廳堂，以示歡迎天神降臨。

此日起也需注意家中不可有吵架、打罵等不吉之事，也避免欠債討債還債等事，因為要準備迎接過年的一切事務，要有好吉兆對來年比較好，忌諱欠債、討債與還債之俗，其實也有體恤過年期間欠債者或債主雙方彼此都需要一筆好大的花費來過年，所以傳統民俗才有忌諱討債、還債、欠債之俗。

81 李秀娥，2015，《圖解台灣民俗節慶》（圖解台灣07），台中：晨星出版公司，頁199-201。

除夕過年

82．過年期間神桌上的供飯或發粿上面要插一對春仔花，稱為「飯春花」，它的用意為何？

過年的新春期間，供桌會供奉水仙花、牡丹或梅花，後來則盛行擺放銀柳、發財樹、桔子樹等等吉慶盆栽，以及應景的年節供品，如柑塔（柑橘疊成塔狀）、年糕（甜粿，有年年高昇之意）、蘿蔔糕、芋頭粿、發粿（祈求發財、發達之意）、長年飯。

神明和祖先牌位前各供一碗長年飯或一對發粿，新北蘆州市民的特有地方習俗還會在供飯上再放一顆紅棗，搭配發粿，意寓

◆過年期間神桌放飯春花和柑橘塔，象徵富貴有餘和大吉大利的好吉兆／李秀娥攝

◆南投地區傳統的紙製春仔花／謝宗榮攝

◆南投地區現代的紙製春仔花／李秀娥攝

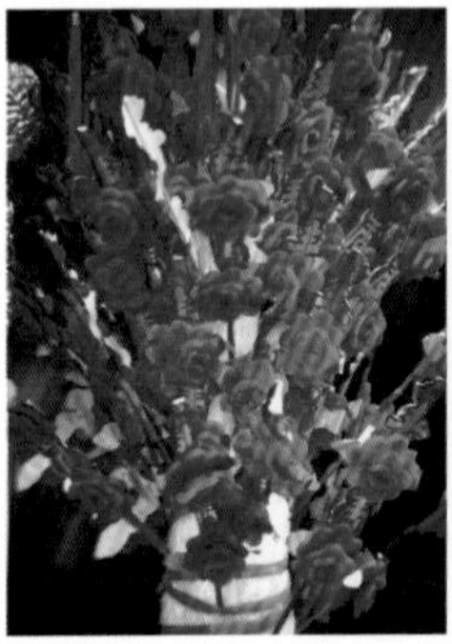

◆台北市金紙店販售的春仔花／謝宗榮攝

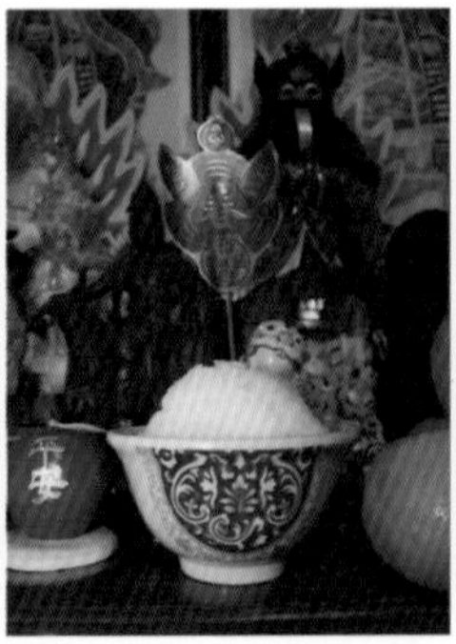

◆神桌上的飯春花，為春飯上插一支春仔花／李秀娥攝

◆新春神桌用發粿上插春仔花／李秀娥攝

◆水仙花為新年應景的盆栽之一／李秀娥攝

「早發」的吉兆。一般民眾則會在發粿和飯上插著「春花」（有用紅紙自行剪成碎花狀，也有市面販售較漂亮的花樣），又稱為「飯春花」，取「春」之閩音與「剩」有餘之意，祈使「年年春」增加過年新正的吉慶有餘之意味。供桌上有甜茶（如紅棗茶）、甜料（如甜花生仁、紅棗、冬瓜糖、花生糖等糖果類供品）等應節供品。

83．部分地區於過年期間祖先牌位前的供飯上面，加放一顆紅棗子，有何用意？

傳統過年的新春期間，民家會在神明和祖先牌位前各供一碗長年飯或一對發粿，有些地區的民眾（例如：新北蘆洲市民）其地方習俗會在供飯上再放一顆紅棗，供桌上同時有棗子、發粿，棗子國語發音同「早」，取其意寓「早發」、「早日發達」的吉兆。

84．過年期間神桌上習慣擺放柑橘塔，有何用意？

過年的新春期間，民家習慣會在神明和祖先牌位的供桌上，各擺上一對柑橘塔，那是由許多顆象徵吉利、大吉大利的柑橘所堆疊成高塔狀的水果擺飾。

◆ 神桌上的飯春花和發粿／謝宗榮攝

◆ 蘆洲地區民家會將春飯上加放一顆紅棗，另有供發粿，此有祈運途早發之吉兆／謝宗榮攝

此有因為柑橘的國語發音類似「吉」的發音，而有象徵在新春期間陳列的吉利供果能帶來一年新春的好兆頭，也就是帶來大吉大利的好吉兆，而過年前也正是各式柑橘盛產的時節，有椪柑、桶柑、茂谷柑等，水果上面或是底部，甚至會被用紅紙張貼著寫有「財」、「大吉」、「大利」等字樣，是非常應景與充滿新春氣息的水果。

◆過年期間神桌上習慣供柑橘塔／謝宗榮攝

85．過年期間為何要張貼春聯？貼春聯的由來為何？

除夕在漢人的歲時節令中，是相當重要的一個大日子，因為它是歲末家人大團圓的最後日子，一早家家戶戶都在準備除舊布新，迎接新的一年到來，因此當天會在家中內外重要部位張貼春聯，增加過年的喜慶氣氛。漢人在歲末年終張貼新的春聯和年畫，習俗由來已久，源於古代「桃符」門神演變而來。

根據漢朝蔡邕的《獨斷．卷上》記載：「海中有度朔之山，山上有桃木，蟠屈三千里。卑

◆陰曆歲末家家戶戶換上新春聯，迎接新的一年／謝宗榮攝

◆公寓民宅換貼新春聯／李秀娥攝

◆民宅在歲末換上新春聯／李秀娥攝

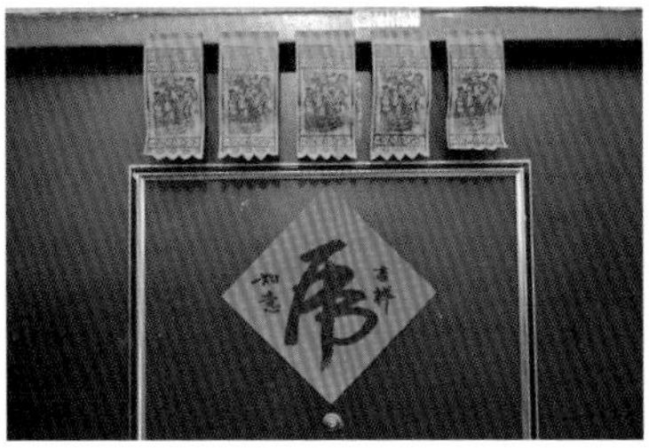

◆ 民宅門楣貼五福籤和門上貼虎字春貼／李秀娥攝

◆ 民眾張貼的百福駢臻春聯／李秀娥攝

◆ 虎年到民眾張貼臺灣保育類石虎圖春聯／謝宗榮攝

枝，東北有鬼門，萬鬼所出入也。神荼與鬱壘二神居其門，主領閱諸鬼，其惡害之鬼，執以葦索食虎。故十二月竟，常以先臘之夜，逐除之也，乃畫神荼與鬱壘並懸葦索於門戶，以禦凶也。」[82]意即海上有座度朔山，上面有一株桃樹，樹枝不高，卻彎曲達三千里，而東北方有一鬼門，即八卦中的艮方，所有的鬼從此門出入；且有神荼和鬱壘兩個威猛的神將鎮守著，隨時檢閱出入的眾鬼，倘若看到惡鬼，祂們就用葦繩把惡鬼捆綁起來，餵給老虎吃，故可制住諸鬼的危害，在此更可顯出神獸猛虎的威力。

漢代應劭在《風俗通義》卷八除了指出類似神荼和鬱壘二門神及虎可食鬼外，也同樣指出「於是縣官常以臘除夕，飾桃人垂葦茭，畫虎於門，皆追效於前事，冀以衛凶也。」[83]在此可以看出因虎可吃鬼制鬼，所以猛虎的圖像被官民畫於門上，用以驅除邪祟、護宅平安。

西漢劉安的《淮南子》曾載「桃符」是以兩塊長約二、三尺，寬約四、五寸的桃木板做成，在木板寫上除禍降福的吉祥話，

82 漢・蔡邕撰，1985，《獨斷》，收錄於《漢禮器制度（及其他五種）》（叢書集成初編），北京：中華書局，頁11。
83 漢・應劭撰，清・嚴可均輯，1975，《風俗通義》（讀書劄記叢刊第二集，楊家駱主編），台北：世界書局，頁230。

在新年肇始之時釘於大門兩側，其目的是為了驅鬼辟邪。起初人們在桃符上所寫內容，多是「姜太公在此，百無禁忌」等一類具有厭勝（厭除不祥）辟邪作用的字句、符咒，因此稱為「桃符」。到了五代以後，後蜀宮廷裡才開始在桃符上題對聯，而成為近代「春聯」的先聲。

在「桃符」上畫「神荼、鬱壘」畫像，成為後世門神年畫的起源，而在「桃符」上寫辟邪或吉祥的字句就成為春聯的肇始。春聯又稱為「門對」、「門聯」或「春貼」，是對聯的一種，因在開春之時張貼，故名「春聯」。由桃符演變成為春聯，最早是在五代十國時，根據元代的《宋史．蜀世家》載：「孟昶命學士為題桃符，以其非工，自命筆題云：『新年納餘慶，嘉節號長春』。」即是說五代蜀國後主孟昶，在歲末之時要大學士辛寅遜題桃符板，因為後主認為辛大學士所題的詞句不夠工整，所以就親自提筆寫下一副聯對「新年納餘慶，嘉節號長春」，該副春聯自此便成為我國最早的一副春聯[84]。

五代時期雖然已有春聯的出現，但是宋元時期的春聯仍是寫在桃板之上，未脫離桃符的形式，一直到明代以後，才開始流行在紅紙上書寫對聯的模式，也就是近代所見的春聯。據說春聯的正式命名，始於明太祖朱元璋。根據清初陳尚谷的《簪玉樓雜記》記載，朱元璋定都金陵（南京）之後，在某年除夕前下一道聖旨，規定從公卿以至於百姓之家，都必須在門上貼一副春聯；並在除夕微服出宮，逐門觀賞各家對聯。有次經過一戶人家，見門上未貼春聯，詢問之下知道這家主人是屠戶不識字，正為了找不到人代寫春聯而發愁，於是皇帝便讓人取來紙墨，提筆寫下了「雙手劈開生死路，一刀割斷是非根。」皇帝為屠戶寫春聯，這當然是野史傳說之事，但也反映出明代民間貼春聯的習俗盛況[85]。

86．小年夜是指什麼時候？為何有些人在此時要拜天公？

漢人在除夕時，神桌和神明彩會特別打掃潔淨，並準備「辭年」祭拜玉皇上帝、三界眾神、灶神、床母、地基主和祖先等，以感謝這些天地神明、祖先等對家人一年來的平安護佑。慎重者，會在除夕的前一夜就是「小年夜」，亦即除夕當天凌晨子時（前一晚11：00～凌晨1：00），便開始拜天公謝三界眾神，酬謝玉皇和三界眾神這一年來庇佑家人平安順利，也祈求庇佑來年的平安順遂。

有的人家則是除夕當天午前祭拜三界眾神，或是午後祭拜酬謝地基主等。也有的人家則是採除夕傍晚晚餐以前，分別完成酬謝眾神明和祖先的「辭年」祭祀。所以民間在除夕的辭年祭拜，時間可以彈性，讓民眾選擇方便祭拜的時刻，重點是完成酬謝神明和祖先的敬意即可。

87．除夕前祭拜神明和祖先，為何要有「辭年」的活動？

在台灣的漢人保留傳統過年的習俗，在除夕時，會將神桌和神明彩特別打掃、擦洗乾淨，並準備非常豐盛的供品「辭年」祭拜玉皇上帝、三界眾神、灶神、床母、地基主和祖先等，以

84 謝宗榮，2000，〈春聯．年畫．迎新春〉，《國魂月刊》第651期，頁20-21。。
85 謝宗榮，2000，〈春聯．年畫．迎新春〉，《國魂月刊》第651期，頁21。

感謝這些天地神明、祖先等對家人一年來或多年來的平安護佑，並感謝有眾神明和祖先的共同庇佑，才讓家人有平安團聚的機緣。

為了在歲末陰曆年即將結束的最後一日，告別過去，揮別所有的不愉快，也要準備以積極樂觀喜悅的心情，迎接來年嶄新的開始。前人為教導人們學習感恩天地間所有神明與歷代祖先的共同護佑，故而保留這種陰曆歲末祭拜酬謝的辭年習俗，以年年歲末感恩為來年祈福的原則，成為人們延續傳統民俗節慶的生活節調，也是一種敬天法祖的感恩情懷及年年循環、延續不墜的文化傳承。

1
2
3 4

1. 除夕辭年敬神上香／李秀娥攝
2. 除夕辭年祭祖上香／李秀娥攝
3. 除夕辭年敬神供品／李秀娥攝
4. 除夕辭年祭祖的菜餚／謝宗榮攝

88・過年吃年夜飯時為何稱「圍爐」？烘爐上為何要放錢幣？

除夕當晚家人團聚在一起，享用豐盛的火鍋和年夜飯，特別是要吃「長年菜」，取其「長長久久」之意；吃菜頭（白蘿蔔），取「好彩頭」之意；吃魚丸、肉丸、貢丸，取「三元及第」之意；吃魚時不可完食，要留下一些過新年，象徵「年年有餘」的吉兆；吃豆干，諧音「大官」代表「升官」之意；吃長豆或花生（長生果），表示吃豆吃到老老老，取其長壽之意。

昔日桌下會放一盆爐火，爐的四周再放一些錢幣，象徵家族和財運如爐火般興旺，以及大夥一起吃年夜飯的圍爐火鍋，此即除夕「圍爐」之俗。也有的人家是將象徵財富的錢幣放在圍爐桌子的四周，來台的北方外省人則是盛行吃水餃，水餃裡面還會特別包上錢幣，此也有帶來財富與好運道之意。有些台灣地方年俗也會在後院準備一對帶頭尾青的有節甘蔗，取其「長年蔗」，意寓家人在新的一年可以長長久久、節節高昇。

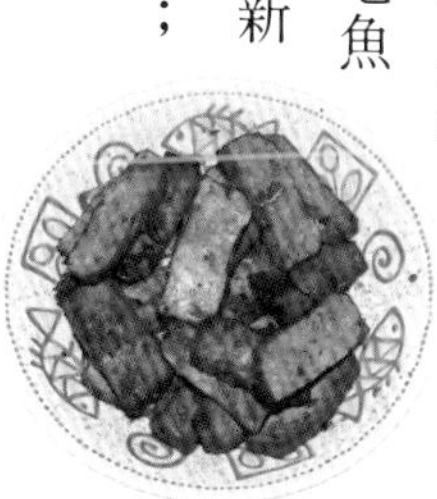

◆ 民間俗諺：「吃豆乾做大官」／李秀娥攝

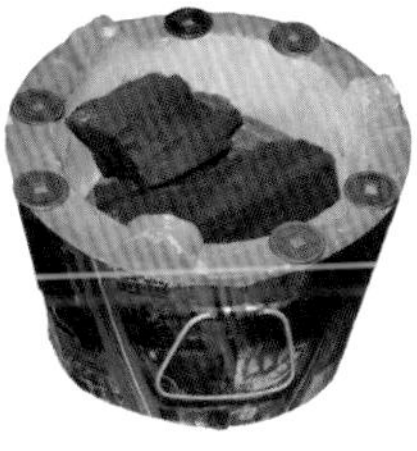

◆ 傳統習俗會在年夜飯圍爐時，將桌下烘爐四周放上一些厭勝錢，以祈財運亨通／李秀娥攝

◆ 在餐廳圍爐的年夜飯，有豐盛的菜色與湯品／李秀娥攝

89・台灣習俗過年圍爐菜色中，為何常備有一道「長年菜」？

除夕晚上圍爐，除了要吃菜頭（白蘿蔔）、魚丸、肉丸、貢丸，以及吃魚，吃豆干，吃長豆或花生（長生果）之外，台灣中部以北還會特別強調除夕夜一定要吃「長年菜」，長年菜是一種大顆的長種芥菜，顏色十分翠綠飽滿，此時節也正好盛產，除夕夜的圍爐強調要吃長年菜，有取其形狀長而不斷的「長長久久」吉兆，因此這道吉祥菜，也頗受台灣民間的歡迎。

90．台灣南部地區除夕圍爐菜色中，為何會有一道不切斷的波菜？

在眾多除夕夜圍爐的吉祥菜中，台灣南部的民眾則不盛行吃長年菜（大芥菜），而是強調要吃一道不切斷的菠菜，還要連頭帶尾整盤燙熟擺盤就好，吃時就用筷子挾起來不切斷，一點一點塞進嘴裡，慢慢咀嚼吞進去，此有強調「長長久久」，表示將來會很長壽的吉兆，因此頗受南部民眾的歡迎，成為過年除夕夜的一道必備的年夜菜。

◆南部人的圍爐菜色常見一道不切斷的燙熟菠菜，有取長而不斷長壽之意／李秀娥攝

◆在台灣的圍爐菜色中，常見應節的長年菜，採用大芥菜來料理／李秀娥攝

◆年夜飯時常見一道長年菜，有長長久久之意／李秀娥攝

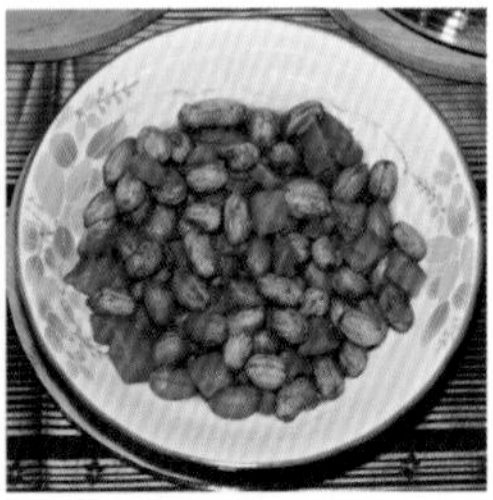
◆花生為長壽果，俗諺「吃土豆吃到老老老」／李秀娥攝

91．過年圍爐菜色中為何常見有蘿蔔丸子湯？

年夜飯中常見有蘿蔔丸子湯，主要就是取蘿蔔的台語發音「菜頭」諧音「好彩頭」的吉兆，而用魚丸、肉丸、貢丸等一起煮蘿蔔湯，也有取其「三元及第」的好彩頭之意。古人非常重視科舉考試的功名進第，因此在過年節慶的飲食上，非常強調可以帶來好吉兆的菜名，因此台灣民間也流傳這樣的一道吉利兆頭的吉祥菜，來做為家人團聚的年夜菜湯品。

92．過年圍爐菜色中常見一道煎魚，又說只能吃半邊，不能吃到翻面，這又象徵什麼意義？

前述年夜飯中的一道魚料理，往往是煎或紅燒整條魚，而且大家在吃魚時，一定會被長輩告誡，只能吃上面這一半，下面那一半不能動，所以除夕夜吃魚，不能翻面再吃，一定要留一半起來，不能吃光光，就也是取歲末食物有剩，台語「有春」的諧音，意思就是「有餘」，有餘等於有魚，也就等於「年年有魚」、「年年有餘」的豐盛之兆。食糧充足，也表示家庭經濟富裕，這樣的好吉兆誰都想要，所以古人流傳下來的習俗，便會交代家中的小孩吃年夜飯時，一定要剩下半邊魚，不能翻面再吃。

◆ 過年吃由白蘿蔔和三種丸子做成的「三元及第湯」，取其考試高中的吉兆／李秀娥攝

◆ 丸子台語諧音「元」，取其中狀元之吉兆／李秀娥攝

93．吃完年夜飯，長輩會給紅包，為何要發紅包給孩子？紅包有何意義？

除夕的年夜飯後大家聚到廳堂上，長輩坐著，子孫依序向長輩跪地磕頭拜年，長輩再拿紅包一一分給前來跪拜的子孫，此即「分壓歲錢」或稱「分壓年錢」。過年分壓歲錢的歷史相當古老，宋代《燕京歲時記》記載：「以彩繩穿錢，編作龍形覆於床腳，為壓歲錢，尊長之賜小兒者亦謂之壓歲錢。」給壓歲錢在台灣也有祝福之意[86]。

分完壓歲錢後，一般漢人的習俗會相聚小賭一番，或是玩骰子、打麻將、玩撲克牌，或是拿著壓歲錢去逛夜市，採買一些新年新衣物等，小孩子則多拿壓歲錢去買鞭炮煙火，結伴四處玩耍以歡度除夕夜。

◆紅燒魚為圍爐菜色之一，只吃上面一半，留下一半不吃，取其「年年有餘」的吉兆／李秀娥攝

◆過年期間就連寵物也被主人掛上春字紅包／謝宗榮攝

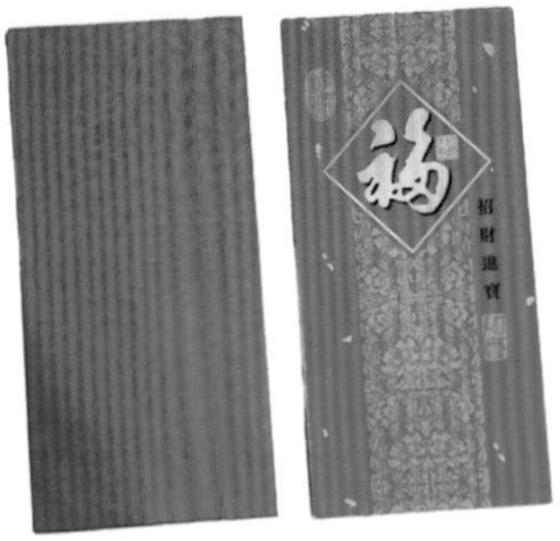

◆紅包兼具喜氣財運和辟邪之意／李秀娥攝

◆過年習慣發紅包給小孩子，也稱壓歲錢／李秀娥攝

94．為何除夕夜不能太早睡，大家習慣晚睡要為誰守歲？

由於漢人相信除夕夜必須「守歲」，而守歲的習俗由來已久，國人守歲的習俗源自於唐代，《東京夢華錄》中記載：「士庶之家，圍爐團坐，達旦不寐，謂之守歲」[87]。

守歲的習俗傳衍迄今，台灣民眾仍遵守除夕夜守歲的古老習俗，主張大家不可太早睡，要為家中年長的父母或長輩守歲，以祈求上天庇佑長輩健康長壽。所以大家都會想盡辦法，找各種玩樂的點子，有的是去廟宇搶頭香，有的是找親人或朋友圍起來玩骰子，過年小賭一下，有的乾脆是通宵打麻將，有的是外出採購年節新衣物品、玩具等，有的小孩或年輕人是去空地放沖天炮、煙火等，利用通宵達旦的玩樂來為家中長輩守歲，以表達為家中長輩祈求長壽延年的一片孝心。

86 林茂賢，1990，〈年俗守則，有夠味！〉，《國魂月刊》第651期，頁18。
87 宋・孟元老著，黃驗注，2004，《圖解東京夢華錄》，頁180-181。

95．過年為何要放鞭炮？是為了嚇年獸嗎？

在喬繼堂《中國歲時禮俗》一書中，提及「就漢字的『年』而言，它是穀穗沉沉下垂的形象，是收穫的象徵，所謂『五穀熟曰年』。《爾雅．釋天》《疏》曰：『年者，禾熟之名，每歲一熟，故以為歲名。』」、「在民俗信仰中，年不是植物，而是動物。相傳年是一隻怪獸，一年四季都在深海裡，只有除夕才爬上岸來。它一上岸，所到之處便是洪水泛濫，只好搬到高山上去避難。有一年除夕，正當人們奔走避難的時候，卻來了一個乞討的老頭，執意要留在村里，說是要趕跑怪物。這『年』來到村裡，見有一戶人家門口貼著紅紙，院子裡燈火通明，屋裡一個穿紅袍的老頭手裡拿著兩把菜刀剁個不停，發出雷鳴般的聲音。『年』見此情景，掉頭便逃回了海裡——原來它最怕紅色和刀砧之聲。後來，人們為了不再受『年』的侵擾，人們便在除夕貼出對聯、張掛彩燈、穿紅柳綠的新衣，還要剁餃餡、包餃子、晚上還要攏旺火、燒柴禾。」「豐收是人們所關心的，怪獸年則早被揭天動地的爆竹、光照天地的旺火和火紅的春聯、威武的門神嚇得逃回海裡再也沒有出來。」[88]

《中國歲時禮俗》也提及古代會用爆竹生火發出巨響，嚇退山中怪獸山㺑（魈）的做法：爆竹和春聯一樣，最初也是巫術的一種工具，作用也是驅辟妖魔鬼怪。最初的爆竹並不像現在的鞭炮，而是真正的竹子，即焚燒竹子，發出噼叭之聲，驚嚇鬼怪。據東方朔的《神異經》說：西方有個一尺來長的怪物，叫「山㺑（魈）」，人要是冒犯了它，就會得寒熱病，但這個怪物害怕聲響，聽見噼啪之聲就逃走了，所以人們才把竹子扔在火中來驚嚇它。《神異經》沒有談

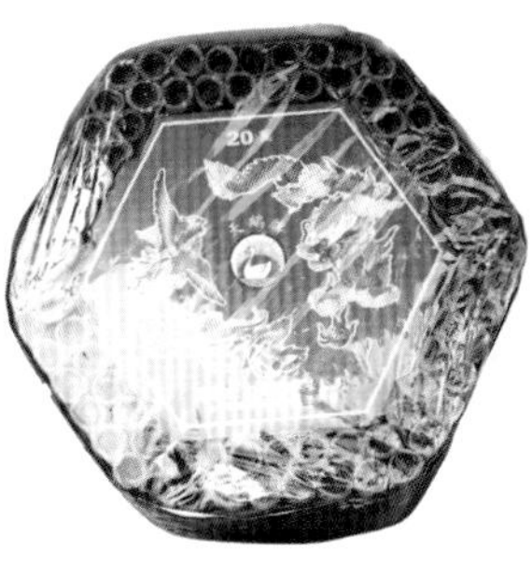

◆圖為長串鞭炮，可增加過年的喜慶氣氛和驅邪的作用／李秀娥攝

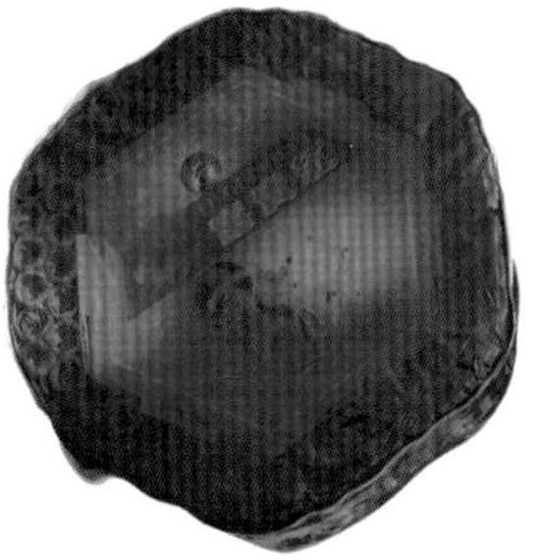

◆古代傳說放鞭炮可嚇走年獸，鞭炮兼具喜慶和辟邪的作用／李秀娥攝

爆竹和年節的關係，梁·宗懍的《荊楚歲時記》則明確指出了這一點：「正月一日，……雞鳴而起，先於庭前爆竹、燃草，以辟山臊惡鬼。」這裡的焚燒竹子使其爆響，正是爆竹的原義，也叫爆竿。後世用的爆竹是紙卷火藥做成，點燃發聲的，也叫爆仗、炮仗、鞭炮[89]。可見古代的爆竹是用真正的竹子投入火中，利用燃燒時發出劈哩啪啦的巨大聲響，來嚇退山中怪獸山㺐（魈）或山臊惡鬼。而南朝時的《荊楚歲時記》已清楚記載人們於大年初一會用爆竹、燃草，來嚇退山臊惡鬼，用以辟邪祟了。

「山㺐」在「正字通引神異經：『西方深山有人，長丈餘，袒身捕鰕蟹，就人火炙食之，名山㺐，其名自呼。㺐別做魈。』」[90]所以後來流傳的作法，不論是民間傳說的年獸是來自海裡的怪獸，或是來自山中的怪獸山㺐（魈）等，人們皆可用可以發出巨響的爆竹、燒火爐旺火、明亮的彩燈、大紅的春聯等裝飾過年氣氛，來嚇退會傷害人們的年獸與怪獸了。

88 喬繼堂，1993，《中國歲時禮俗》，台北：百觀出版社，頁296-297。
89 喬繼堂，1993，《中國歲時禮俗》，台北：百觀出版社，頁301。
90 熊鈍生主編，1980，《辭海》，台北：台灣中華書局，頁1535。

而春節期間是一年歲時節令中意義最重大的，約自臘月（十二月）二十四日的送神日開始至正月十五的元宵節止，這也是歲時節日最多的一個階段。傳說古代有年獸為害四處吃人，所以家家戶戶於期間圍爐聚餐，享受最後的團聚時刻，直到除夕夜一過，鞭炮一放，年獸已走，大家紛紛慶祝彼此的倖存，恭賀度過該年並且又增長了一歲，故而留下除夕夜圍爐，初一賀歲的習俗。

96. 你知道台灣有些地方傳說過年的由來，是因為有燈猴在作祟嗎？

根據溫宗翰在〈過年的由來：追溯一段臺灣人神相挺的古老故事〉中指出，台灣人的過年其實與年獸的傳說沒有直接關係，反而是與燈猴的傳說有關。茲引述其文如下：

相傳在很久很久以前，臺灣人因為特別喜愛「祭拜」，什麼神、什麼鬼都會祭祀，尤其每逢秋冬，都有一連串酬謝神明的「謝冬尾」祭典。然而，忙於祭祀的臺灣人，卻始終忽略在供桌上為神靈舉蠟燭燈臺的：「燈猴」，忘記特別祭祀酬謝祂的辛勞，因此令燈猴特別不悅。

有一次冬至時節，燈猴特別上奏天庭，向玉皇大帝告狀說臺灣人浪費食物，將湯圓拿來遊戲，黏在窗臺娛樂，完全不知感恩。玉皇大帝因此震怒，決定要懲罰臺灣人，於是發布天旨，要讓臺灣島沉入海底。

眾神明聽聞以後，都感到相當不可思議，於是紛紛勸阻，但玉帝旨意已決，苦勸無效。就在年底尾牙之時，臺灣人進行最後一次酬謝土地公的祭祀，土地公於心不忍，於是告知民間百姓，臺灣島即將沉沒，要大家趁早準備，另一方面也向觀世音菩薩求情，請求協助，此時天神相聚天庭，向玉帝求情。

在人間的臺灣百姓，因得知臺灣島即將毀滅，不忍眾神受累，於是焚香奉請眾神返回天庭，隔日，天神見民間「送神」後，缺乏神靈庇護，所以派遣天兵天將下凡鎮守，於是這就成了日後「二四送神、二五神下降」的由來。由於臺灣人各個在「年關」將至時，依然虔誠求神拜佛，也有民眾在小年夜時祭祀玉皇大帝，玉帝受到觀世音菩薩與眾神求情，再加上民眾祭祀虔誠，聆聽了民間疾苦聲音後，決定收回旨意，特赦臺灣百姓。

此時民間還不知情，百姓宰雞殺鴨進行祭祀，藉以告別諸神與祖先，晚上烹煮食材，與家人共進最後的晚餐，晚宴以後，將錢財分給家人，以期黃泉路上可用；接著全家一起守候在即將面臨滅絕的夜晚，準備共赴黃泉。意想不到，天亮以後臺灣並沒有沉入海底，全家人安然無恙，於是焚香酬謝神靈庇佑，始為「開驚」之習俗，出門互探鄰人平安與否，見面互道恭喜，並至寺廟祭祀，成了後來的「走春」；隔日為確認娘家平安，於是「轉外家」探訪親戚，到了第四日，趕忙將眾神迎請回來，就是日後的「初四濟神」的由來，第五日確認全島平安無事後，又開始恢復平常的工作了！

這則精彩的民間傳說，無疑就是臺灣版「最後的晚餐」，最早的文字出現在1936年李獻章出版的《臺灣民間文學集》書中，後來日人金關丈夫編輯《民俗臺灣》時，也有人討論記載。到了戰後，胡萬川教授推動各縣市進行民間文學採集時，分別在清水、龜山等地區都有收錄到，甚至龜山版本的傳說中，還提到「十二月二九暗乎，會大地動啦。抑算講歸的人攏會死。」，版本雖然各有些微差異，但是將過年看作是即將地震、沉地，臺灣人面臨「毀滅」與「重生」的橋段，卻是共同的脈絡[91]。

由上述的故事，可以看出以前有些民間故事所流傳的是，台灣人年尾謝神的祭拜中，曾經遺忘了對燈猴的感恩祭拜酬謝，導致燈猴於冬至時向玉皇上帝打小報告，狀訴台灣民眾的遊戲心態褻瀆神明，差點導致台灣被玉帝下旨陸沉的危機，幸虧有慈悲的善神幫忙人們說話，才化解一場毀滅的風暴，而大家也是因為這樣才歡度新年的。

由於此文一推出，加上現代網路化、媒體的宣傳與分享帶來的效應，台灣過年的民間傳說與燈猴作祟有關的說法，反而有越來越普及的趨勢，也帶動民眾的接納與學習，而與國民政府來台後所宣導的年獸傳說有別，成為同時並存的趨勢。

91 溫宗翰，2016.3.05，〈過年的由來：追溯一段臺灣人神相挺的古老故事〉，發表於「民俗亂彈」網頁。

過年的禁忌

97．過年的禁忌，忌諱打破東西？倘若不慎打破東西，該如何處理？

台灣民間過年的習俗禁忌中，很忌諱在大年初一打破器物，如果不慎打破鍋碗瓢盆燈盞等日用器物，認為年初就有「破運」、「破災」的壞兆頭，表示這年家中可能會有人破、家破、財破等災厄，為了讓人安心，最好是用紅紙將破碎的器物包起來，並口誦吉祥的句子，如「碎碎平安」，諧音即「歲歲平安」；或是「摒破瓷，金銀一大堆。Long3-phua3 hui5, kim1-gin5/gun5/girn5 tsit8-tua7-tui1.」[92]。

用紅紙包裹破碎的東西，一來紅色有辟邪的作用，二來新年期間紅色又有喜氣的意味，所以用紅紙包裹有轉化不好的破碎事物、化壞事成為好事吉事之意，而且又口誦「碎碎平安」，諧音即「歲歲平安」；或是「摒破瓷，金銀一大堆。」也有轉危為安，化險為夷，破耗轉為帶財的吉祥之意。提醒人們不要對不祥的事耿耿於懷，心境要即刻轉換，才能海闊天空。

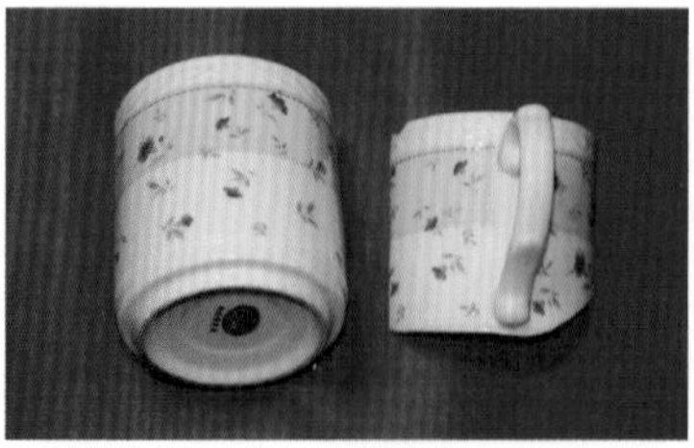

◆過年禁忌不小心打破東西，以紅紙包裹碎物，取其「歲歲平安」的吉利諧音／李秀娥攝

98．過年的禁忌，為何忌諱打罵小孩？

台灣民間過年的習俗禁忌中，忌諱大年初一時傷心哭泣或打罵小孩、與人吵架等。大年初

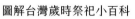

一，漢人往往希望該年可以獲得吉祥的好兆頭，因此非常忌諱家中有人講出不吉利的話，所以忌諱傷心、哭泣、打罵、爭吵等事，以免這種憂愁和糾紛事件，在大年初一就出現，在一年的新開始，就帶來不好的兆頭，也怕日後這類事件會層出不窮，所以前人會勸大家，過年期間要盡量控制好脾氣與情緒，避免過度激動以致生氣打罵小孩了。

99．過年的禁忌，大年初一當日為何不能動井水或動手壓井水汲水器？

因為井水有井龍王或是井水神在鎮守，日常辛勤為人供水一整年，每逢大年初一至少得讓井水神休息一天，故忌諱初一汲水取用。河南一帶要在井台上貼著一幅對聯，云「一年長不安，自在今一天。」而湖北有將此禁忌延長至初三日的。初三汲水時，還要以香燭祀水神[93]。

◆新竹市竹蓮里巡司埔的古井／謝宗榮攝

◆新竹市竹蓮里巡司埔古井的井神香位／李秀娥攝

92 感謝友人許嘉勇熱心提供台語拼音法。

93 任騁，1996［1993］，《中國民間禁忌》（中國民俗叢書1），台北：漢欣文化事業有限公司，頁640。

100・過年的禁忌，為何大年初一清早要吃乾飯和素齋？

台灣地區有些傳統的人家也會遵守過年期間或是大年初一讓井龍神或井水神休息一日的習俗，長輩會告誡家中大小，大年初一時千萬不可動用井水或井水汲水器。有的人家較慎重者，為了避免家人忘記了，年節期間仍去汲水，冒犯井龍神或井水神，故而在井水處或井水汲水器處，以紅紙張貼著「龍神勿擾」或「井神勿擾」的字跡做為提醒。

所以此期間所需的用水就得預先儲備起來，或是暫用別的水龍頭，只有井水或井水汲水器處讓它休息一日，以示感念井水神或井龍神既往的辛勞，為人們辛勤供水的服務。

◆大年初一貼在井水汲水器上的「井神勿擾」春聯／謝宗榮攝

◆台灣過年期間寫在井上的「井神勿擾」春聯／李秀娥攝

◆中國大陸流傳過年期間寫在井上的一副對聯／李秀娥攝

◆板橋農村公園的水井／李秀娥攝

傳統的中國文化或台灣文化年節還有些飲食上的禁忌，如初一忌吃稀飯、蕃薯、紅薯、甜年糕、泡饃、烤饃等禁忌：尤其是台灣人，普遍有初一早上得吃乾飯、忌吃稀飯、蕃薯、紅薯的習俗；中國大陸則有忌吃泡饃或烤饃的禁忌。初一早上能吃到飽實的米飯，是祈取來年米糧豐足的好兆頭；而避免吃稀飯、蕃薯或泡饃等，則是避免來年米糧不豐足、或是外出時常淋雨、或雨水太多沖毀田土等壞兆頭。漢族和其他的少數民族（如苗族、土家族）等地區皆有此俗。

為何台灣傳統文化會於陰曆過年初一清早，準備乾飯和素齋食用？起源於傳統漢人多在新春期間，也就是從元旦（正月初一）一早到初七，皆有不同之忌諱殺生的禁忌，以免來年招惹各項兵災、刀災、血災等劫禍的思想。

古代有所謂女媧於大年初一至初七日間，每一日分別造出其他動物和人類的傳說，漢代東方朔《占書》載，正月一日為雞，二日為狗，三日為豬，四日為羊，五日為牛，六日為馬，七日為人，八日為谷[94]。而南北朝的梁代宗懍在《荊楚歲時記》載：「按：董勛問禮俗曰：『正月一日為雞，二日為狗，三日為羊，四日為豬，五日為牛，六日為馬，七日為人，以陰晴占豐耗，正旦畫雞于門，七日帖人於帳。』今一日不殺雞，二日不

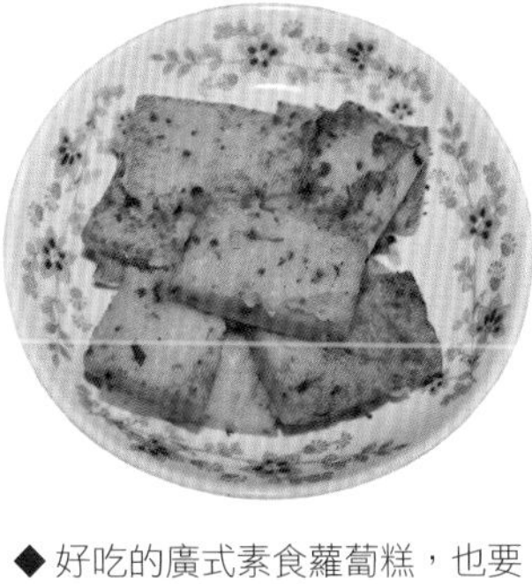

◆好吃的廣式素食蘿蔔糕，也要小心不要煎太焦，以免主人會貧窮／李秀娥攝

◆古俗強調過年時蘿蔔糕不能煎太焦，焦的台語為「赤」，怕有帶來貧窮之意／李秀娥攝

94 參考百度百科網頁〈正月初七〉條。

殺狗，三日不殺羊，四日不殺豬，五日不殺牛，六日不殺馬，七日不行刑，亦此義也。」[95]不論正月三日、四日究竟是豬還是羊先被創造出來，都無損於該日有戒殺該種動物之美意。

傳說遠古時期女媧娘娘分別在正月初一到初七期間，每日創造一物，分別是雞、狗、豬、羊、牛、馬、人。這些殺生的禁忌便是體恤動物的犧牲，感念牠們為最後被創造出來的人類勞動耕作、駝負重物，或是作為我們日常飲食的營養補充來源。在一年開始之際，先禁殺生，以感念上天好生之德[96]。

年初禁殺生的忌諱，漢人遵行大年初一茹素；而台灣則較簡化，演變成初一早上吃乾飯素齋的習俗，許多過著傳統生活的家庭，長輩都會強調此點，從小到大耳濡目染，便內化遵守這樣的習俗了，一來表慈悲心，不殺生而素齋，二來不吃稀飯而吃乾飯，這也有在一年之初可為家族帶來往後米糧充足、經濟富庶的好彩頭。

1

2

1. 大年初一早上吃圍爐剩下的春飯，「剩」台語發音同「春」，有年年春、年年富之意／李秀娥攝
2. 大年初一早上吃春飯與素齋，為古代強調新春慈悲不殺生的遺俗／李秀娥攝

結語

《禮記．樂記》（卷七）中記載著：「大樂與天地同和，大禮與天地同節。和，故百物不失，節，故祀天祭地。明則有禮樂，幽則有鬼神。如此則四海之內，合敬同愛矣。」[97]意即偉大的音樂是與天地間和諧無間，崇高的大禮也與天地相同節韻。因為和諧一致，所以天地萬物不失其序，因為有節有遵，所以古

95 梁．宗懔原著，王毓榮校注，1988 初版，1992 二刷，《荊楚歲時記校注》（文史哲大系 6），台北：文津出版社，頁52-53。

96 李秀娥，2015，《圖解台灣民俗節慶》（圖解台灣07），台中：晨星出版有限公司，頁93。

97 楊家駱主編，1990，《禮記集說》（朱子小學及四書五經讀本），台北：世界書局，頁207。

◆ 元宵燈會欣賞美麗的天鵝花燈／李秀娥攝

代上至天子，下至黎民百姓，祀天祭地，歲時無間。表面上展現的是禮樂，隱藏的則是對鬼神的崇敬之禮。倘若普天之下，大家都能遵循禮法敬祀鬼神，那麼四海之內則必人人關係和諧，彼此敬重，充滿博愛的精神。

漢人在數千年悠遠的文化傳統傳承下，自古以來便是個講求生活節度符合禮儀的民族，也深深感謝天地神祇恩佑庇護，賜予日常生活所需的財富、健康、平安、機運和家人的團聚時刻，人們能夠享受這些美好時光，都知曉源自慈悲的神靈和祖先的共同守護。

所以漢人的祭祀文化，長久以來便累積許多關於歲時節令、生命禮儀、祠廟祭祀等信仰文化的內涵，希望透過祈求具超自然靈力的神祇庇佑，藉此達到趨吉避凶的目的，並獲致心靈上的安寧與謐靜。這些內容豐富的信仰文化，也是漢民族數千年來生活知識與生命智慧的積累。

◆ 許仙和白娘子的斷橋會花燈／李秀娥攝

由於社會文化快速變遷，科技進步也日新月異，傳統式的家庭結構也隨之產生了劇烈的變化，許多小家庭取代了傳統的三代同堂，也使得許多新世代的年輕朋友們認為，傳統的歲時祭祀禮儀充滿著繁文縟節，有些便轉信西方的基督宗教、回教，或是其他新興宗教，而不再遵循傳統漢人的祭祀禮儀行歲時的祭拜，導致有些傳統歲時祭祀中的文化傳承也因之斷鏈。

所幸在台灣宗教自由與信仰生活的環境裡，還有許多人因為從小耳濡目染，受到家中長輩的教導與影響，或是後來因為長輩日益年老體衰，無力繼續祭祀的行為，要求晚輩承接起祀神敬祖的責任。

1
23

1. 三重義天宮建醮普度時，由燻雞或燻鴨組成的宋江陣看牲／謝宗榮攝
2. 三重義天宮建醮普度時的肉山擺設／謝宗榮攝
3. 三重義天宮建醮普度時，敬獻技藝精湛的蔬果雕／謝宗榮攝

人們常說：「家有一老，如有一寶。」生活在有長輩傳述古老信仰智慧與美德的家庭環境中，對於傳統漢民族傳承久遠的信仰、民俗等生活文化，有助於親身體驗學習與實踐。

本書的內容透過十六個項目：1．歲時的制訂與由來、2．祭祀與供品、3．天公生、4．元宵節、5．頭牙、6．清明節、7．端午節、8．七夕、9．七月普度、10．中秋節、11．重陽節、12．冬至、13．尾牙、14．送神、15．除夕過年、16．過年的禁忌等項。在這十六個項目中，分別提出共一百題的提問，而筆者再針對這一百個問題，嘗試提出一些更深入的探討與說明。

也希望本書的呈現方式，能為對此類議題有興趣的讀者們，帶來一些實際的助益與瞭解，並將漢民族的傳統歲時祭祀文化，透過生活中對歲時節慶的實踐，延續不墜，傳承給下一代，民俗文化的紮根工作是一步一腳印地築基的，須靠有心之士踏踏實實在生活中一點一滴的累積與實踐，讓悠遠的民俗文化得以持續傳衍不朽。

◆ 內湖逍遙道壇下元節為水官大帝
祝壽的儀式／李秀娥攝

參考書目

王必昌總輯（清），臺灣史料集成編輯委員會編輯，2005，《重修台灣縣志》（下）（臺灣史料集成　清代臺灣方志彙刊第十一冊），台北：行政院文化建設委員會、遠流出版事業股份有限公司。

王世禎，2002〔1981〕，《中國節令習俗》，台北：星光出版社。

方寶璋，2003，《閩台民間習俗》，福建：福建人民出版社。

片岡巖著，陳金田譯，1990〔1921〕，《臺灣風俗誌》，台北：眾文圖書公司。

孔安國傳（漢），孔穎達疏（唐），1981，《尚書・堯典》注疏卷第二，《十三經注疏》1，台北：藝文印書館。

行政院內政部「全國宗教資訊網」，《宗教知識家》線上百科。

百度百科網頁〈正月初七〉條。

任騁，1996〔1993〕，《中國民間禁忌》（中國民俗叢書1），台北：漢欣文化事業有限公司。

呂理政，1990年，《天、人、社會》，台北：稻香出版社。

李亦園，1996，《文化與修養》（國立清華大學人文社會學院主編），台北：幼獅文化事業公司。

李永匡、王熹，1995，《中國節令史》，台北：文津出版。

李秀娥，2004，《台灣民俗節慶》（民俗藝術16），台中：晨星出版有限公司。

李秀娥，2006，《鹿港的信仰與曲館研究》（國立編譯館主編），台北：博揚文化事業股份有限公司。

李秀娥，2008，〈觀靈術的體驗——天界之旅〉，《歷史月刊》248期，頁13-17。

李秀娥，2008，〈現代社會演變下的台灣祭拜新禮俗〉，台北市政府民政局「疼惜鄉土・清淨祭拜」論壇。2008年11月24日發表於NGO。（未刊稿）

李秀娥，2015，《圖解台灣民俗節慶》（圖解台灣07），台中市：晨星出版有限公司。

李秀娥，2019，《迎神台灣：圖解信仰儀式與曲藝陣頭》，台北市：帕斯頓數位多媒體有限公司。

李叔還編纂，1992〔1979〕，《道教大辭典》，台北：巨流圖書公司。

李豐楙、謝聰輝、李秀娥、謝宗榮、張淑卿，2000，《雞籠慶讚中元——己卯年林姓主普紀念專輯》，基隆：基隆市林姓主普祭典委員會。

李珮雲，2017.1.13中時新聞網網站，〈為什麼尾牙要吃刈包？別再說你不知道了！〉。

阮昌銳，1991，《歲時與神誕》，台北：臺灣省立博物館。

宗懍原著（梁），王毓榮校注，1988初版，1992二刷，《荊楚歲時記校注》（文史哲大系6），台北：文津出版社。

孟元老著（宋），黃驗注，2004，《圖解東京夢華錄》，台北：實學社出版股份有限公司。

馬以工，1991，《中國人傳承的歲時》，台北：十竹書屋。

馬昌儀，1999，《中國靈魂信仰》，台北：雲龍出版社。
袁珂，1987，《中國神話傳說故事辭典》，台北：華世出版社。
陳正之，1999，《台灣歲時記——二十四節氣與常民文化》，台中：行政院新聞局中部辦公室。
陳勝英 2001〔1997〕《跨越前世今生——陳勝英醫師的催眠治療報告》。台北：張老師文化事業股份有限公司。
陳夢雷編（清），1977，欽定《古今圖書集成》〈禮儀典·日月祀典部彙考一〉（第一百七十九卷），第七一八冊之二一～三〇葉。台北：鼎文書局，頁禮儀典1717-1735。
陳義孝居士編，1999，《佛學小辭典》（竺摩法師鑑定），台北：方廣文化事業有限公司。
徐福全，1995〔1990〕，《臺灣民間祭祀禮儀》，新竹：臺灣省新竹社會教育館印行。
喬繼堂，1993，《中國歲時禮俗》（中國民俗采風5），台北：百觀出版社。
張君房選輯（宋），文山遯叟蕭天石主編，1979，《雲笈七籤》（四部叢刊·正編），台北：臺灣商務印書館。
《國語辭典》網頁「角黍」條。
孫建君主編，2001，《中國民俗藝術圖說——祥禽瑞獸》，天津：天津人民出版社。
鈴木清一郎原著，高賢治、馮作民編譯
1984〔1934〕，《台灣舊慣習俗信仰》，台北：眾文圖書公司。

楊家駱主編，1990，《禮記集說》（朱子小學及四書五經讀本），台北：世界書局。

溫宗翰，2013，《臺灣端午節慶儀式與信仰習俗研究》（臺灣歷史與文化研究輯刊三編第十二冊），新北市：花木蘭文化出版社，

溫宗翰，2016，〈過年的由來：追溯一段臺灣人神相挺的古老故事〉，發表於2016年3月05日「民俗亂彈」網頁。

潘杏初，1988，《標準藥性大字典》，永和：博智文化事業有限公司。

謝宗榮，2000，〈春聯・年畫・迎新春〉，《國魂月刊》651：20-22，台北：青年日報社。

謝宗榮，2020，《圖解台灣廟會文化事典：廟會實境╳角色轉換╳進香遶境╳祈福拜拜》（圖解台灣26），台中：晨星出版有限公司。

謝宗榮、李秀娥，2016，《圖解台灣民俗工藝》（圖解台灣11），台中：晨星出版有限公司。

應劭撰（漢），嚴可均輯（清），1975，《風俗通義》（讀書劄記叢刊第二集，楊家駱主編），台北：世界書局。

蕭達雄，2003，《台澎地區禮俗禁忌論說：台語說禁忌》，高雄：高雄復文圖書出版社。

熊鈍生主編，1980，《辭海》，台北：台灣中華書局印行。

Vivian，2008，2008年9月5日於雅虎奇摩知識網對「焚燒金紙是否就是造成污染空氣的元兇?!」的回答。

國家圖書館出版品預行編目（CIP）資料

圖解台灣歲時祭祀小百科：神明祭拜、年俗節氣、擇日宜忌最佳入門指南100問 / 李秀娥著 . -- 初版 . -- 臺中市：晨星出版有限公司，2022.12
面； 公分 . --（圖解台灣；31）
ISBN 978-626-320-255-9（平裝）

1.CST: 歲時 2.CST: 節氣 3.CST: 祭祀 4.CST: 民俗 5.CST: 臺灣
538.59 111014772

線上讀者回函，
加入馬上有好康。

圖解台灣 31

圖解台灣歲時祭祀小百科

神明祭拜、年俗節氣、擇日宜忌最佳入門指南 100 問

作　　者｜李秀娥
主　　編｜徐惠雅
執行主編｜胡文青
攝　　影｜李秀娥、謝宗榮
插　　畫｜林承儒
校　　對｜李秀娥、胡文青、黃怡瑄
美術編輯｜李岱玲
封面設計｜陳正桓

創 辦 人｜陳銘民
發 行 所｜晨星出版有限公司
台中市 407 工業區 30 路 1 號
TEL：04-23595820　FAX：04-23597123
http://star.morningstar.com.tw
行政院新聞局局版台業字第 2500 號
法律顧問｜陳思成律師
初　　版｜西元 2022 年 12 月 05 日
讀者專線｜TEL：（02）23672044 /（04）23595819#230
FAX：（02）23635741 /（04）23595493
service@morningstar.com.tw
網路書店｜http://www.morningstar.com.tw
郵政劃撥｜15060393（知己圖書股份有限公司）
印　　刷｜上好印刷股份有限公司

定價 490 元
（如有缺頁或破損，請寄回更換）
ISBN：978-626-320-255-9
Published by Morning Star Publishing Inc.

Printed in Taiwan